Schriftenreihe

Studien zum Familienrecht

Band 56

ISSN 1613-0995

Verlag Dr. Kovač

Carsten Kleffmann

Die Güterstandsschaukel

Zivilrechtliche Zulässigkeit und Grenzen

Verlag Dr. Kovač

Hamburg
2017

VERLAG DR. KOVAČ GMBH
FACHVERLAG FÜR WISSENSCHAFTLICHE LITERATUR

Leverkusenstr. 13 · 22761 Hamburg · Tel. 040 - 39 88 80-0 · Fax 040 - 39 88 80-55

E-Mail info@verlagdrkovac.de · Internet www.verlagdrkovac.de

D 61

Bibliografische Information der Deutschen Nationalbibliothek
Die Deutsche Nationalbibliothek verzeichnet diese Publikation
in der Deutschen Nationalbibliografie;
detaillierte bibliografische Daten sind im Internet
über http://dnb.d-nb.de abrufbar.

ISSN: 1613-0995

ISBN: 978-3-8300-9636-8

Zugl.: Dissertation, Juristische Fakultät der Heinrich-Heine-Universität Düsseldorf, 2017
Erstgutachterin: Frau Prof. Dr. Katharina Hilbig-Lugani
Zweitgutachter: Herr Prof. Dr. Jochen Lüdicke
Jahr der mündlichen Prüfung: 2017

© VERLAG DR. KOVAČ GmbH, Hamburg 2017

Printed in Germany
Alle Rechte vorbehalten. Nachdruck, fotomechanische Wiedergabe, Aufnahme in Online-
Dienste und Internet sowie Vervielfältigung auf Datenträgern wie CD-ROM etc. nur nach
schriftlicher Zustimmung des Verlages.

Gedruckt auf holz-, chlor- und säurefreiem, alterungsbeständigem Papier. Archivbeständig
nach ANSI 3948 und ISO 9706.

MEINEM VATER

Inhaltsverzeichnis

Abkürzungsverzeichnis XI
Literaturverzeichnis XV
Entscheidungsverzeichnis XXXIII

A. Entscheidungen des BVerfG XXXIII
B. Entscheidungen des Bundesgerichtshofs XXXV
C. Entscheidungen des Bundesfinanzhofs XLVII
D. Entscheidungen anderer Gerichte XLIX

Teil 1 – Einführung 1

A. Einleitung 1

B. Die Güterstandsschaukel 5
   I. Zugewinngemeinschaft 5
     1. Prinzipien der Zugewinngemeinschaft 6
     2. Zugewinnausgleichsformen 8
     3. Steuerfreiheit des Zugewinns 9
     4. Zusammenfassung 10
   II. Die deutsch-französische Wahl-Zugewinngemeinschaft 11
   III. Gütertrennung 11
     1. Beginn und Beendigung der Gütertrennung 11
     2. Wesen der Gütertrennung 12
   IV. Gütergemeinschaft 14
   V. Die Güterstandsschaukel als Gestaltungsinstrument und deren Anwendungsfälle 15

C. Zivil- und steuerrechtliche Aspekte der Zulässigkeit der Güterstandsschaukel 19
   I. Zivilrechtliche Wirkungen des Güterstandswechsels 22
   II. Steuerliche Wirkungen des Güterstandswechsels 25
      1. Ehegüterrecht und ErbStG 26
      2. Allgemeine steuerliche Auswirkungen der Güterstände 27
      3. Steuerliche Auswirkungen des Zugewinnausgleichs nach § 5 Abs. 2 ErbStG 28
      4. Übertragung von Privat- oder Betriebsvermögen zur Erfüllung des Zugewinnausgleichsanspruchs 32
      5. Steuerliche Auswirkungen bei Verzicht auf die Zugewinnausgleichsforderung 34
   III. Abgrenzung der Güterstandsschaukel zu anderen Formen der Vermögensübertragung zwischen Ehegatten 35
      1. „Fliegender Zugewinnausgleich" 36
      2. Unbenannte Zuwendung 39
   IV. Zwischenergebnis zur allgemeinen Zulässigkeit der Güterstandsschaukel 43

Teil 2 – Grenzen der Güterstandsschaukel 45

A. Notwendigkeit einer Missbrauchskontrolle 45
   I. Der vom BFH zu beurteilende Fall und die Entscheidung 45
   II. Der dem BGH-Urteil zu Grunde liegende Fall 49
   III. Allgemeine Erwägungen zum Rechtsmissbrauch 50

B. Zivilrechtliche Grenzen der Gestaltung 53
   I. Grundfall 53
      1. Verstoß gegen § 138 BGB 54
      2. Verstoß gegen § 242 BGB 58

a) Anwendbarkeit des § 242 BGB im Familienrecht 58
b) Tatbestandliche Voraussetzungen 59
   aa) Entwicklung der Kernbereichslehre 60
   ab) Reformbedarf bei der Kernbereichslehre 69
c) Mehrfacher Güterstandswechsel als Rechtsmissbrauch? 73
d) Zeitlicher Abstand zwischen den Güterständen 83
e) Doppelter Güterstandswechsel in einer Urkunde 89
f) Nichtdurchführung des Zugewinnausgleichs 91
g) Gesamtschau der Gestaltung 92
II. Hinzutreten besonderer Umstände 93
  1. Erbrechtlicher Missbrauch (Pflichtteilsfestigkeit) 93
  2. Gläubigerbenachteiligung 98
    a) Vorsatzanfechtung § 3 Abs. 1 AnfG, § 133 Abs. 1 InsO 99
    b) Anfechtung nach § 133 Abs. 2 InsO 99
    c) Schenkungsanfechtung § 4 AnfG, § 134 InsO 100
  3. Unterhaltsverkürzung 102
    a) Obliegenheit zur Verwertung des Vermögensstamms beim Ehegattenunterhalt 102
    b) Verwertung des Vermögensstamms beim Kindesunterhalt 104
    c) Verwertung des Vermögensstamms beim Elternunterhalt 105
    d) Vermögensverwertung aus Anlass der Geburt 105
    e) Unterhaltsrechtliche Sanktionen 106
  4. Gebot zusätzlicher güterrechtlicher Sanktionen? 108
    a) Güterrechtliche Sanktionen beim Unterhaltsberechtigten 109
    b) Güterrechtliche Sanktionen beim Unterhaltspflichtigen 109
III. Zwischenergebnis zivilrechtliche Grenzen der Gestaltung 111

Teil 3 – Ergebnisse, praktische Umsetzung und Ausblick 113

A. Zusammenfassung der bisherigen Ergebnisse 113

B. De lege lata 119
   I. Ehevertragsentwurf für die Gestaltung der Güterstandsschaukel in einer Urkunde 119
  II. Erläuterungen 123

Abkürzungsverzeichnis

a.A.	andere Ansicht
a.F.	alter Fassung
Abs.	Absatz
AcP	Archiv für die civillistische Praxis
AnfG	Anfechtungsgesetz
Anm.	Anmerkung
AO	Abgabenordnung
Arg.	Argument
Art.	Artikel
AT	Allgemeiner Teil
Az.	Aktenzeichen
BAG	Bundesarbeitsgericht
BAGE	Entscheidungen des Bundesarbeitsgerichts
BewG	Bewertungsgesetz
BFH	Bundesfinanzhof
BFHE	Sammlung der Entscheidungen des Bundesfinanzhofs
BGB	Bürgerliches Gesetzbuch
BGBl.	Bundesgesetzblatt
BGH	Bundesgerichtshof
BGHZ	Entscheidungen des Bundesgerichtshofs in Zivilsachen
BStBl.	Bundessteuerblatt
BT	Bundestag
BVerfG	Bundesverfassungsgericht
bzw.	Beziehungsweise
DB	Der Betrieb
Ders.	Derselbe

Dies.	Dieselbe(n)
DJT	Deutscher Juristentag
DNotZ	Deutsche Notar-Zeitschrift
Drs.	Drucksache
DStR	Deutsches Steuerrecht
DStZ	Deutsche Steuer-Zeitung
e.V.	eingetragener Verein
EFG	Entscheidungen der Finanzgerichte
EL	Ergänzungslieferung
ErbStB	Der Erbschaft-Steuerberater
ErbStG	Erbschaftsteuergesetz
ErbStR	Erbschaftsteuerrichtlinie
EStB	Der Ertrag-Steuer-Berater
EStG	Einkommensteuergesetz
f.	folgende
FA	Finanzamt
FamFR	Familienrecht und Familienverfahrensrecht
FamR	Familienrecht
FamRB	Familien-Rechtsberater
FamRZ	Zeitschrift für das gesamte Familienrecht
FF	Forum Familienrecht
ff.	fortfolgende
FG	Finanzgericht
FPR	Familie Partnerschaft Recht
FR	Finanzrundschau
FS	Festschrift
FuR	Familie und Recht
gem.	gemäß

GG	Grundgesetz
ggf.	gegebenenfalls
GNotKG	Gesetz über Kosten der freiwilligen Gerichtsbarkeit für Gerichte und Notare
grds.	grundsätzlich
GrEStG	Grunderwerbsteuergesetz
Hrsg.	Herausgeber
Hs.	Halbsatz
i. d. R.	in der Regel
i. S. d.	im Sinne des
i. Ü.	im Übrigen
INF	Information über Steuer und Wirtschaft
insb.	insbesondere
InsO	Insolvenzordnung
JA	Juristische Arbeitsblätter
JZ	Juristen Zeitung
Kap.	Kapitel
LPartG	Gesetz über die eingetragene Lebenspartnerschaft
m. w. N.	mit weiteren Nachweisen
MittBayNot	Mitteilungen des Bayerischen Notarvereins
N. N.	Nomen nescio
NJW	Neue Juristische Wochenschrift
Nr.	Nummer (n)
NZFam	Neue Zeitschrift für Familienrecht
OFD	Oberfinanzdirektion
OLG	Oberlandesgericht
p.a.	per anno
Rn.	Randnummer
RNotZ	Rheinische Notar-Zeitschrift

RT	Reichstag
S.	Satz, Sätze, Seite(n)
StB	Der Steuerberater
StraFo	Strafverteidiger Forum
StRO	Steuerrechtsordnung
StuW	Steuer und Wirtschaft
VermR	Vermögensrecht
VersAusglG	Gesetz über den Versorgungsausgleich
vgl.	vergleiche
WahlZugAbk-F	Abkommen zwischen der Bundesrepublik Deutschland und der Französischen Republik über den Güterstand der Wahl-Zugewinngemeinschaft
ZErb	Zeitschrift für die Steuer- und Erbrechtspraxis
ZEV	Zeitschrift für Erbrecht und Vermögensnachfolge
ZFE	Zeitschrift für Familien- und Erbrecht
ZNotP	Zeitschrift für die Notarpraxis

LITERATURVERZEICHNIS

Abele, Armin Klinger, Bernhard F. Maulbetsch, Thomas	Pflichtteilsansprüche reduzieren und vermeiden, 1. Auflage München 2010 Zitiert: *Abele/Klinger/Maulbetsch*, Pflichtteils- ansprüche, § … Rn. …
Bamberger, Heinz Georg Roth, Herbert	Kommentar zum Bürgerlichen Gesetzbuch, Band 1, 3. Auflage München 2012 Zitiert: *Bearbeiter*, in: Bamberger/Roth, § … Rn. …
Bamberger, Heinz Georg Roth, Herbert	Kommentar zum Bürgerlichen Gesetzbuch, Band 3, 3. Auflage München 2012 Zitiert: *Bearbeiter*, in: Bamberger/Roth, § … Rn. …
Becker, Eva	„Auf dem Weg ins BGB: Die deutsch-französi- sche Zugewinngemeinschaft" FF 2012, S. 199 – 200
Bergschneider, Ludwig	„Anmerkung zur Entscheidung des BGH, Urteil vom 01.07.2010 – XI ZR 58/09" FamRZ 2010, S. 1550 – 1551
Ders.	„Anmerkung zu Fragen des Zugewinnaus- gleichs bei ehevertraglicher Vereinbarung von Gütertrennung und Ausschluss des Versor- gungsausgleichs" FamRZ 2008, S. 2116 – 2117
Ders.	„Anmerkung zur Entscheidung des BGH, Urteil vom 31.10.2012, XII ZR 129/10 – Zur Inhalts- und Ausübungskontrolle beim Ehevertrag sowie zum Nachteilsausgleich" FamRZ 2013, S. 201 – 202

Ders.	Richterliche Inhaltskontrolle von Eheverträgen und Scheidungsvereinbarungen, 1. Auflage München 2008 Zitiert: *Bergschneider*, Richterliche Inhaltskontrolle, S. ...
Ders.	Verträge in Familiensachen, 5. Auflage Bielefeld 2014 Zitiert: *Bergschneider*, Eheverträge, Rn. ...
Ders.	Beck'sches Formularbuch Familienrecht, 4. Auflage München 2013 Zitiert: *Bearbeiter*, in: Beck'sches Formularbuch FamR, Form A. I. 1.
Ders.	„Zur Inhaltskontrolle bei Eheverträgen" FamRZ 2001, S. 1337 – 1340
Bisle, Michael	„Der Güterstandswechsels als Gestaltungsmittel" DStR 2011, S. 2359 – 2362
Borth, Helmut	„Anmerkung zur Entscheidung des BGH, Urteil vom 11.02.2004, XII ZR 265/02" FamRZ 2004, S. 609 – 612
Braeuer, Max	„Der neue deutsch-französische Wahlgüterstand" FF 2010, S. 113 – 115
Ders.	„Gütertrennung und Ausübungskontrolle" FamRZ 2014, S. 77 – 83
Brambring, Günter	„Abschied von der ‚ehebedingten Zuwendung' außerhalb des Scheidungsfalls und neue Lösungswege" ZEV 1996, S. 248 – 254
Brox, Hans Walker, Wolf-Dietrich	Allgemeines Schuldrecht, 38 Auflage München 2014 Zitiert: *Brox/Walker*, Allgemeines Schuldrecht, § ... Rn. ...

Brudermüller, Gerd	„Elternunterhalt – Neue Entwicklungen in der Rechtsprechung des BGH" NJW 2004, S. 633 – 640
Burandt, Wolfgang	„Pflichtteil- und Pflichtteilvermeidungsstrategien" FuR 2012, S. 301 – 308
Büttner, Helmut	„Grenzen ehevertraglicher Gestaltungsmöglichkeiten" FamRZ 1998, S. 1 – 8
Canaris, Claus-Wilhelm	Systemdenken und Systembegriff in der Jurisprudenz, 1. Auflage Berlin 1983 Zitiert: Canaris, Systemdenken und Systembegriff in der Jurisprudenz, S. ...
Ders.	Die Vertrauenshaftung im deutschen Privatrecht, 1. Auflage München 1971 Zitiert: *Canaris*, Vertrauenshaftung, S. ...
Christ, Susanne	„Zuwendungen in der Familie und Steuern" NZFam 2014, S. 322 – 327
Dauner-Lieb, Barbara	„Die höchstrichterliche Rechtsprechung zur Ehegatteninnengesellschaft" FuR 2009, S. 361 – 371
Dies.	„Reichweite und Grenzen der Privatautonomie im Ehevertragsrecht" AcP 201 (2001), S. 295 – 332
Dies.	„Gütertrennung zwischen Privatautonomie und Inhaltskontrolle" AcP 210 (2010), S. 580 – 609
Dies.	„Richterliche Überprüfung von Eheverträgen nach dem Urteil des BGH 11-2-2004 – XII ZR 265/02" FF 2004, S. 65 – 69

Dauner-Lieb, Barbara Langen, Werner	BGB Kommentar Schuldrecht, 2. Auflage Baden Baden 2012 Zitiert: *Bearbeiter*, in: NK-BGB, § ... Rn. ...
Dauner-Lieb, Barbara Stuhlfelner, Ulrich	„Gütertrennung in der Unternehmerehe" FF 2011, S. 382 – 387
Esser, Josef Schmidt, Eike	Schuldrecht Band 1, Allgemeiner Teil, 8. Auflage Heidelberg 1995 Zitiert: *Esser*, Schuldrecht, § ...
Fastrich, Lorenz	Richterliche Inhaltskontrolle im Privatrecht München 2001 Zitiert: *Fastrich*, S. ...
Feick, Martin	„Anmerkung zur Entscheidung BFH vom 12.06.2005, II R 29/02" ZErb 2005, S. 422 – 424
Fichtelmann, Helmar	„Anschaffung/Veräußerung bei privaten Veräußerungsgeschäften" EStB 2003, S. 102 – 106
Fischer, Peter	„Zu Gerd Rose: Umgehung des Steuergesetzes und Planungssicherheit" FR 2003, S. 1277 – 1279
Geck, Reinhard	„Gestaltungen im Rahmen des Güterstandes der Zugewinngemeinschaft – Chancen und Risiken" ZErb 2004, S. 21 – 26
Ders.	„Welche Gestaltungsmöglichkeiten ergeben sich hinsichtlich der Beendigung der Zugewinngemeinschaft aus der neuen Rechtsprechung des BFH?" ZEV 2006, S. 62 – 66
Gernhuber, Joachim	„§ 242 BGB – Funktionen und Tatbestände" JuS 1983, S. 764 – 769

Götz, Hellmut	„Lebzeitige Beendigung der Zugewinngemeinschaft als Gestaltungsmittel zur Erlangung rückwirkender Steuer- und Straffreiheit bei unbenannten Zuwendungen" DStR 2001, S. 417 – 422
Götz, Isabell Schwenzer, Ingeborg Seelmann, Kurt Taupitz, Jochen (Hrsg.)	„Fairness – (k)ein Thema im Güterrecht?" Festschrift für Gerd Brudermüller, S. 99 – 114 München 2014 Zitiert: *Dauner-Lieb*, in: FS Brudermüller
Grandel, Mathias Stockmann, Roland	Stichwortkommentar Familienrecht, 2. Auflage Baden-Baden 2014 Zitiert: *Bearbeiter*, in: Grandel/Stockmann, Kapitel ... Rn. ...
Grziwotz, Herbert	„Das Ende der Vertragsfreiheit in Ehevermögens- und Scheidungsfolgenrecht?" FamRZ 1997, S. 585 – 589
Habermann, Norbert; Fischinger, Phillipp S.; Kohler, Jürgen; Seibl, Maximilian (Hrsg.)	Staudinger, Kommentar zum Bürgerlichen Gesetzbuch, Buch 1, Allgemeiner Teil, §§ 134 – 138, 15. Auflage Berlin 2011 Zitiert: *Bearbeiter*, in: Staudinger, § ... Rn. ...
Dies. (Hrsg.)	Staudinger, Kommentar zum Bürgerlichen Gesetzbuch, Buch 1, Allgemeiner Teil, §§ 241 – 243, 15. Auflage Berlin 2015 Zitiert: *Bearbeiter*, in: Staudinger, § ... Rn. ...
Dies. (Hrsg.)	Staudinger, Kommentar zum Bürgerlichen Gesetzbuch, Buch 4, Familienrecht, 14. Auflage Berlin 2010 Zitiert: *Bearbeiter*, in: Staudinger, § ... Rn. ...
Dies. (Hrsg.)	Staudinger, Kommentar zum Bürgerlichen Gesetzbuch, Buch 1, Allgemeiner Teil 4b, 14. Auflage Berlin 2015 Zitiert: *Bearbeiter*, in: Staudinger, § ... Rn. ...

Hahn, Hartmut	„Wie effizient ist § 42 AO neuer Fassung?" DStZ 2008, S. 483 – 494
Hayler, Peter	„Die Drittwirkung ehebedingter Zuwendungen im Rahmen der §§ 2287, 2288 II 2, 2325, 2329 BGB – Problemlösung durch Rückgriff auf Wertungen des Güterrechts?" FuR 2000, S. 4 – 10
Ders.	„Bestandskraft ehebedingter Zuwendungen im Bereich der Pflichtteilsergänzung (§§ 2325, 2329 BGB) – Vertragsgestaltung durch doppelten Güterstandswechsel?" DNotZ 2000, S. 681 – 690
Heckschen, Heribert Herrler, Sebastian Starke, Timm Waldner, Wolfram	Beck'sches Notar-Handbuch, 6. Auflage München 2016 Zitiert: *Bearbeiter*, in: Beck'sches Notarhandbuch Teil ... Rn. ...
Herrler, Sebastian	„Strategien zur Minimierung des Pflichtteils" JA 2007, S. 120 – 126
Heuermann, Bernd Söhn, Hartmut (Hrsg.)	Hübschmann/Hepp/Spitaler Abgabenordnung / Finanzgerichtsordnung Kommentar, Band IX, Lieferung 230 Köln 2014 Zitiert: *Bearbeiter*, in: Hübschmann/Hepp/Spitaler, § ... Rn. ...
Hollender, Reiner Schlütter, Andreas	„Schenkung eines Grundstücks an den Ehegatten unter Anrechnung auf die künftige Zugewinnausgleichsforderung" DStR 2002, S. 1932 – 1934
Hoppenz, Rainer	„Fiktive Einkommensverhältnisse im Unterhaltsrecht" NJW 1984, S. 2327 – 2328
Huber, Michael	Anfechtungsgesetz, 10. Auflage München 2006 Zitiert: *Huber*, AnfG, § ... Rn. ...

Hüttemann, Rainer	„Steuerrecht und Steuerumgehung" DStR 2015, S. 1146 – 1152
Ders.	„Zwischenzeitlicher Zugewinnausgleich bei fortgesetzter Zugewinngemeinschaft und § 5 Abs. 2 ErbStG" DB 1999, S. 248 – 253
Jaeger, Ernst	Die Gläubigeranfechtung außerhalb des Konkursverfahrens, 2. Auflage München 2013 Zitiert: *Jaeger*, Gläubigeranfechtung, § … Rn. …
Johannsen, Kurt H. Henrich, Dieter	Familienrecht, 6. Auflage München 2015 Zitiert: *Bearbeiter*, in: Johannsen/Henrich, Familienrecht, § … Rn. …
Jüdt, Eberhard	„10 Jahre Ehevertragsrechtsprechung des BGH (Teil 1)" FuR 2014, S. 92 – 96
Ders.	„10 Jahre Ehevertragsrechtsprechung des BGH (Teil 2)" FuR 2014, S. 155 – 162
Jülicher, Marc	„Die frühzeitige Erbschaft- und Schenkungsteuergestaltung fängt schon beim Abschluss von Eheverträgen an" ZEV 2006, S. 338 – 343
Kaiser, Dagmar Schnitzler, Klaus Friederici, Peter Schilling, Roger	Nomos Kommentar BGB Familienrecht, 3. Auflage Baden-Baden 2014 Zitiert: *Bearbeiter*, in: NK-BGB, § … Rn. …
Kapp, Reinhard Ebeling, Jürgen	Erbschaftsteuer- und Schenkungsteuergesetz, 65. Ergänzungslieferung Köln 2014 Zitiert: *Kapp/Ebeling*, § … Rn. …

Kensbock, Karsten	„Zivilrechtliche und steuerrechtliche Risiken beim vorzeitigen Zugewinnausgleich" DStR 2006, S. 1073 – 1076
Kensbock, Karsten Menhorn, Matthias	„Zivilrechtliche und steuerrechtliche Risiken beim vorzeitigen Zugewinnausgleich" DStR 2006, S. 1073 – 1076
Kersten, Fritz Bühling, Selmar	Formularbuch und Praxis der Freiwilligen Gerichtsbarkeit, 24. Auflage Köln 2014 Zitiert: *Bearbeiter*, in: Kersten/Bühling, § … Rn. …
Kirchhof, Paul Schmidt, Karsten Schön, Wolfgang (Hrsg.)	„Der Missbrauchstatbestand des § 42 AO – ein unkalkulierbares Risiko für die unternehmerische Gestaltungspraxis?" Festschrift für Arndt Raupach zum 70. Geburtstag, S. 13 – 80 Köln 2006 Zitiert: *Haas*, in: FS Raupach, S. …
Kleffmann, Norbert Soyka, Jürgen	Praxishandbuch Unterhaltsrecht, 2. Auflage Köln 2014 Zitiert: *Bearbeiter*, in: Kleffmann/Soyka, Praxishandbuch Unterhaltsrecht, Rn. …
Klein, Michael	Handbuch Familienvermögensrecht, 2. Auflage Köln 2015 Zitiert: *Bearbeiter*, in: Klein, Handbuch FamVermR, Kap. … Rn. …
Klingelhöffer, Hans	Pflichtteilsrecht, 4. Auflage München 2014 Zitiert: *Klingelhöffer*, Pflichtteilsrecht, Rn. …
Knur, Alexander	„Zugewinngemeinschaft, Ehevertrag und Verfügung von Todes wegen" DNotZ 1957, S. 451 – 483
Kogel, Walter	Anmerkung zu BGH Urteil v. 21.11.2012 – XII ZR 48/11 FF 2013, S. 124 – 126

Kollhosser, Helmut	„Ehebezogene Zuwendungen und Schenkungen unter Ehegatten" NJW 1994, S. 2313 – 2319
Kruse, Heinrich Wilhelm	„Über die Erbschaftsteuer bei Übergang von der Gütertrennung zur Zugewinngemeinschaft" StuW 1993, S. 3
Langenfeld, Gerrit Milzer, Lutz	Handbuch der Eheverträge und Scheidungsvereinbarungen, 7. Auflage München 2015 Zitiert: Langenfeld/*Milzer*, Rn. ...
Langenfeld, Gerrit	„Wandlungen des Ehevertrags" NJW 2011, S. 966 – 970
Ders. (Hrsg.)	Münchener Vertragshandbuch Band 6: Bürgerliches Recht II, 6. Auflage München 2010 Zitiert: *Bearbeiter*, in: Münchener Vertragshandbuch, Nr. ... Rn. ...
Lieb, Manfred	Die Ehegattenmitarbeit im Spannungsfeld zwischen Rechtsgeschäft, Bereicherungsausgleich und gesetzlichem Güterstand, 1. Auflage Tübingen 1970 Zitiert: *Lieb*, S. ...
Lippross, Otto-Gerd Seibel, Wolfgang	Basiskommentar Steuerrecht, Erbschaftssteuergesetz, 78. Ergänzungslieferung Köln 2013 Zitiert: *Bearbeiter*, in: Lippross, ErbStG, § ... Rn. ...
Looschelders, Dirk	Schuldrecht Allgemeiner Teil, 13. Auflage München 2015 Zitiert: *Looschelders*, Schuldrecht AT, Rn. ...
Martens, Klaus-Peter	„Rechtsgeschäft und Drittinteressen" AcP 177 (1977), S. 113 – 188

Maßfeller, N.N.	„Der Güterrecht des Gleichberechtigungsgesetzews: Teil V, Das vertragsmäßige Güterrecht" DB 1957, S. 738 – 742
Mayer, Jörg, Süß, Rembert Tanck, Manuel Wälzholz, Eckhard	Handbuch Pflichtteilsrecht, 3. Auflage Bonn 2013 Zitiert: *Mayer*, Handbuch Pflichtteilsrecht, § … Rn. …
Medicus, Dieter	Allgemeiner Teil des BGB, 10. Auflage Heidelberg 2010 Zitiert: *Medicus*, BGB-AT, Rn. …
Meincke, Jens Peter	Erbschaftssteuer- und Schenkungssteuergesetz Kommentar, 16. Auflage München 2012 Zitiert: *Meincke*, ErbStG, § … Rn. …
Ders.	„Familienrecht und Steuern – Güterstandsvereinbarungen aus einkommen- und erbschaftsteuerlicher Sicht" DStR 1986, S. 135 – 141
Milatz, Jürgen E. Herbst, Catarina	„Die eheliche Lebensgemeinschaft; (k)eine Wirtschaftsgemeinschaft?" DStR 2011, S. 706 – 710
Moench, Dietmar	„Eheliche Güterstände und Erbschaftsteuer – Steuerbare Erwerbe vor und während der Ehe" DStR 1989, S. 299 – 304
Moench, Dietmar Weinmann, Norman	ErbStG Online Kommentar Zitiert: *Bearbeiter*, in: Moench/Weinmann, § … Rn. …
Münch, Christof	Anmerkung zu BGH Urteil vom 24.08.2006, II R 28/02 ZEV 2006, S. 44 – 45
Ders.	„Die Altersvorsorge im Zugewinn – der eingesperrte Versorgungsausgleich" FamRB 2008, S. 350 – 354

Ders.	„Die Wahl des Güterstandes aus erbschaftsteuerlicher Sicht – § 5 ErbStG" ZFE 2007, S. 93 – 100
Ders.	Ehebezogene Rechtsgeschäfte, 4. Auflage Köln 2015 Zitiert: *Münch*, Ehebezogene Rechtsgeschäfte, Rn. ...
Ders.	Familienrecht in der Notar- und Gestaltungspraxis, 1. Auflage München 2013 Zitiert: *Bearbeiter*, in: Münch, Familienrecht in der Notar- und Gestaltungspraxis, § ... Rn. ...
Ders.	„Gütertrennung für einen Abend?" StB 2003, S. 130 – 136
Ders.	Handbuch Familiensteuerrecht, 1. Auflage München 2015 Zitiert: *Münch*, Handbuch Familiensteuerrecht, Rn. ...
Ders.	„Vertragsfreiheit im Eherecht" FamRZ 2014, S. 805 – 808
Ders.	Anmerkung zu BFH Urteil vom 12.07.2005, II R 29/02 ZEV 2005, S. 491 – 492
Oertzen, Christian von	„Güterstandsschaukeln" ErbStB 2005, S. 349 – 354
Ders.	„Steuerrechtliche Gestaltungen mit und um das Pflichtteilsrecht" ErbStB 2006, S. 49 – 54
Ders.	„Strategien zur Minimierung des Pflichtteils" ErbStB 2005, S. 71 – 75
Ders.	„Steuerrechtliche Fallen zwischen Eherecht und ehelicher Lebensrealität" FamRZ 2010, S. 1785 – 1788

Oertzen, Christian von Schienke-Ohletz, Tanja	„Zugewinn und Steuern" FPR 2012, S. 103 – 106
Palandt	Bürgerliches Gesetzbuch, 74. Auflage München 2015 Zitiert: *Bearbeiter*, in: Palandt § … Rn. …
Pluskat, Sorika Pluskat, Thomas	„Güterstandsschaukel und fliegender Zugewinnausgleich" ZFE 2006, S. 124 – 127
Ponath, Gerrit	„Vermögensschutz durch Güterstandswechsel" ZEV 2006, S. 49 – 55
Prütting, Hanns Wegen, Gerhard Weinreich, Gerd (Hrsg.)	BGB Kommentar, 10. Auflage Köln 2015 Zitiert: *Bearbeiter*, in: PWW, § … Rn. …
Renner, Thomas Otto, Dirk-Ulrich Heinze, Volker (Hrsg.)	Leipziger Gerichts- & Notarkosten Kommentar, 1. Auflage Köln 2013 Zitiert: *Bearbeiter*, in: Leipziger-GNotKG, § … Rn. …
Röthel, Anne	„Ist unser Erbrecht noch zeitgemäß?" Gutachten A zum 68. DJT München 2010 Zitiert: *Röthel*, Gutachten A zum 68. DJT, S. …
Säcker, Franz Jürgen Rixecker, Roland Oetker, Hartmut (Hrsg.)	Münchener Kommentar zum Bürgerlichen Gesetzbuch, Band 7, Familienrecht I, 6. Auflage München 2013 Zitiert: *Bearbeiter*, in: MüKo-BGB, § … Rn. …
Dies. (Hrsg.)	Münchener Kommentar zum Bürgerlichen Gesetzbuch, Band 2a Schuldrecht Allgemeiner Teil, 6. Auflage München 2012 Zitiert: *Bearbeiter*, in: MüKo-BGB, § … Rn. …

Dies. (Hrsg.)	Münchener Kommentar zum Bürgerlichen Gesetzbuch, Band 3, Schuldrecht Besonderer Teil I, 6. Auflage München 2012 Zitiert: *Bearbeiter*, in: MüKo-BGB, § ... Rn. ...
Dies. (Hrsg.)	Münchener Kommentar zum Bürgerlichen Gesetzbuch, Band 10, Internationales Privatrecht, 6. Auflage München 2015 Zitiert: *Bearbeiter*, in: MüKo-BGB, § ... Rn. ...
Dies. (Hrsg.)	Münchener Kommentar zum Bürgerlichen Gesetzbuch, Band 9, Erbrecht, 6. Auflage München 2013 Zitiert: *Bearbeiter*, in: MüKo-BGB, § ... Rn. ...
Dies. (Hrsg.)	Münchener Kommentar zum Anfechtungsgesetz, 1. Auflage München 2012 Zitiert: *Bearbeiter*, in: MüKo-AnfG, § ... Rn. ...
Dies. (Hrsg.)	Münchener Kommentar zur Insolvenzordnung, Band 1, 3. Auflage München 2013 Zitiert: *Bearbeiter*, in: MüKo-InsO § ... Rn. ...
Sanders, Anne	„Anmerkung zur Entscheidung des OLG Karlsruhe, Beschluss vom 31.10.2014, 20 UF 7/14" FF 2015, S. 260 – 261
Dies.	„Statischer Vertrag und dynamische Vertragsbeziehungen: Wirksamkeits- und Ausübungskontrolle von Gesellschafts- und Eheverträgen" Bielefeld 2008 Zitiert: *Sanders*, Statischer Vertrag, S. ...
Schaal, Daniel	„Der neue Güterstand der Wahl-Zugewinngemeinschaft" ZNotP 2010, S. 162 – 172

Schellhorn, Walter Schellhorn, Helmut Hohm, Karl-Heinz Schneider, Peter	Kommentar zum SGB XII, 19. Auflage Köln 2015 Zitiert: *Bearbeiter*, in: Schellhorn/Schellhorn, § ... Rn. ...
Schlitt, Gerhard Müller, Gabriele	Handbuch Pflichtteilsrecht, 1. Auflage München 2010 Zitiert: *Bearbeiter*, in: Schlitt/Müller, Pflicht- teilsrecht § ... Rn. ...
Schlünder, Rolf Geißler, Oliver	„Ehe und Familie im Erbschafts- und Schen- kungssteuerrecht, Teil II" FamRZ 2005, S. 149 – 157
Dies.	„Güterrechtlicher Neustart um Mitternacht oder der schenkungssteuerliche Reiz der ‚Güter- standsschaukel' " NJW 2007, S. 482 – 486
Schnitzler, Klaus	Münchener Anwaltshandbuch Familienrecht, 4. Auflage München 2014 Zitiert: *Bearbeiter*, in: MAH-Familienrecht, §... Rn. ...
Scholz, Harald	„Von der Anrechnungs- zur Differenzmethode – Wirft das Urteil des BGH v. 13.6.2001 neue Ge- rechtigkeitsprobleme auf?" FamRZ 2003, S. 265 – 272
Schotten, Günter	„Die ehebedingte Zuwendung – ein überflüssi- ges Rechtsinstitut?" NJW 1990, S. 2841 – 2904
Schröder, Rudolf Bergschneider, Ludwig	Familienvermögensrecht, 2. Auflage Bielefeld 2007 Zitiert: *Bearbeiter*, in: Schröder/Bergschneider, Rn. ...
Schubert, Peter	„Wirksamkeit von Unterhaltsverzichts- und -freistellungserklärungen" FamRZ 2001, S. 733 – 739

Schulz, Werner Hauß, Jörn	Vermögensauseinandersetzung bei Trennung und Scheidung, 6. Auflage München 2015 Zitiert: *Schulz/Hauß*, § … Rn. …
Schumacher-Hey, Ursula	„Anfechtung nach Anfechtungsgesetz und Insolvenzordnung in Auswirkung auf die notarielle Praxis" RNotZ 2004, S. 543 – 563
Schwab, Dieter Dose, Hans-Joachim (Hrsg.)	„Des ‚Pudels Kern' – Probleme der Kernbereichslehre bei Eheverträgen zum Güterrecht" Festschrift für Meo-Micaela Hahne zum 65. Geburtstag, S. 121 – 138 München 2012 Zitiert: *Brudermüller*, in: FS Hahne, S. …
Schwab, Dieter	„Anmerkung zum BVerfG Urteil vom 06.02.2001 – 1 BvR 12/92" FamRZ 2001, S. 349 – 350
Ders.	Familienrecht, 22. Auflage München 2014 Zitiert: *Schwab*, Familienrecht, Rn. …
Stahl, Rudolf	„Die steuerrechtlichen und strafrechtlichen Aspekte des Gestaltungsmissbrauchs" StraFo 1999, S. 223 – 226
Stein, Thomas	„Ertragssteuerliche Probleme beim Geldvermächtnis durch Leistung an Erfüllungs statt" ZEV 2011, S. 520 – 524
Ders.	„Vermeidung von Veräußerungsgewinnen bei Beendigung der Zugewinngemeinschaft" DStR 2012, S. 1063 – 1069
Stresow, Bert	Die richterliche Inhaltskontrolle von Eheverträgen, 1. Auflage Berlin 2006 Zitiert: *Stresow*, S. …

Süß, Rembert	„Der deutsch-französische Güterstand der Wahl-Zugewinngemeinschaft als erbrechtliches Gestaltungsmittel" ZErb 2010, S. 281 – 286
Taplan, Matthias Baumgartner, Gerald Baumgartner, Egid	„Zur steuerlichen Behandlung von Kettenschenkungen" DStR 2014, S. 2153 – 2159
Tiedtke, Klaus Wälzholz, Eckhard	„Private Veräußerungsgeschäfte (Spekulationsgeschäfte) nach § 23 EStG im Rahmen von Trennungs- und Scheidungsvereinbarungen" DStZ 2002, S. 9 – 18
Tipke, Klaus Lang, Joachim	Steuerrecht, 21. Auflage Köln 2013 Zitiert: *Bearbeiter*, in: Tipke/Lang, §. ... Rn. ...
Troll, Max Gebel, Dieter Jülicher, Marc	Erbschaftsteuer- und Schenkungsteuergesetz, 48. Auflage München 2014 Zitiert: *Bearbeiter*, in: Troll/Gebel/Jülicher, ErbStG, § ... Rn. ...
Voss, Jochen	„Eheverträge in steuerlicher Sicht" DB 1988, S. 1084 – 1089
Wachter, Thomas	Anmerkung zu BFH Urteil v. 12.7.2005 – II R 29/02 FR 2006, S. 41 – 44
Ders.	„Zur erbschaftsteuerlichen Anerkennung eines rückwirkenden Güterstandswechsels" MittBayNot 2007, S. 250 – 252
Walz, Wolfgang Rainer	Steuergerechtigkeit und Rechtsanwendung, 1. Auflage Berlin 1980 Zitiert: Walz, Steuergerechtigkeit, S. ...

Wälzholz, Eckhard	„Asset Protection – Vermögensschutz durch Vermögensstrukturberatung im Familienrecht" FamRB 2006, S. 380 – 384
Wegmann, Bernd	„Ehevertragliche Gestaltungen zur Pflichtteilsreduzierung" ZEV 1996, S. 201 – 207
Weinreich, Gerd Klein, Michael	Fachanwaltskommentar Familienrecht, 5. Auflage Köln 2013 Zitiert: *Bearbeiter*, in: FAKomm-FamR, § ... Rn. ...
Wendl, Philipp Dose, Hans-Joachim	Das Unterhaltsrecht in der familienrichterlichen Praxis, 9. Auflage München 2015 Zitiert: *Bearbeiter*, in: Wendl/Dose, § ... Rn. ...
Westermann, Harm-Peter Grunewald, Barbara Maier-Reimer, Georg (Hrsg.)	BGB Kommentar, Band I, herausgegeben von Barbara Grunewald, Georg Maier-Reimer und Harm Peter Westermann, 13. Auflage Köln 2011 Zitiert: *Bearbeiter*, in: Erman-BGB, § ... Rn. ...
Wever, Reinhard	Vermögensauseinandersetzung der Ehegatten außerhalb des Güterrechts, 6. Auflage Bielefeld 2014 Zitiert: *Wever*, Vermögensauseinandersetzung, Rn. ...
Wiemer, Elke	„Inhaltskontrolle von Eheverträgen: Eine kritische Auseinandersetzung mit der Kernbereichslehre des BGH" Bielefeld 2007 Zitiert: *Wiemer*, Inhaltskontrolle von Eheverträgen, S. ...
Winkler, Christian	„Eheverträge von Unternehmern – Gestaltungsmöglichkeiten zum Schutz des Unternehmens" FPR 2006, S. 217 – 222

Wolf, Manfred Neuner, Jörg	Allgemeiner Teil des Bürgerlichen Rechts, 10. Auflage München 2012 Zitiert: *Wolf/Neuner*, BGB-AT, § … Rn. …
Zimmermann, Klaus	„Aktueller Überblick über das deutsche Stiftungsrecht" NJW 2011, S. 2931 – 2937
Zugmaier, Oliver Wälzholz, Eckhard	„Freigebige Zuwendung durch Zugewinnausgleichsforderung" NWB Fach 10, S. 1521 – 1524

Sofern die Abkürzungen nicht im Abkürzungsverzeichnis aufgenommen sind, nehme ich auf *Kirchner*, Abkürzungsverzeichnis der Rechtssprache, 7. Auflage, Bezug.

ENTSCHEIDUNGSVERZEICHNIS

A. Entscheidungen des BVerfG

17.01.1957, Urteil, Az. 1 BvL 4/54	BVerfGE 6, 55; NJW 1957, 208; FamRZ 1957, 82
24.06.1958, Beschluss, Az.: 2 BvF 1/57	BVerfGE 8, 51; NJW 1958, 1131
24.01.1962, Urteil, Az.: 1 BvR 845/58	BVerfGE 13, 331; NJW 1962, 435; FamRZ 1962, 106; MDR 1962, 274
24.01.1962, Urteil, Az.: 1 BvL 32/57	BVerfGE 13, 290; NJW 1962, 437; FamRZ 1962, 100; MDR 1962, 274
18.07.1973, Beschluss, Akt.Z.: 1 BvR 23/73	BVerfGE 35, 382; NJW 1974, 227
02.12.1980, Beschluss, Az.: 1 BvR 1222/77	BVerfGE 55, 247; NJW 1981, 863
03.11.1982, Urteil, Az.: 1 BvR 620/78	BVerfGE 61, 319; NJW 1983, 271; FamRZ 1982, 1185; FamRZ 1983, 129; DB 1982, 2438; MDR 1983, 107
03.11.1982, Urteil, Az.: 1 BvR 620/78	BVerfGE 61, 319; BGBl. 1982 II, 1594; NJW 1983, 271; FamRZ 1983, 129; MDR 1983, 107
22.02.1984, Beschluss, Az.: 1 BvL 10/80	BVerfGE 66, 214; BGBl. 1984 II, 682; NJW 1984, 2453; FamRZ 1984; 760; DB 1984, 1173
23.04.1986, Beschluss, Az.: 2 BvR 487/80	BVerfGE 73, 261; NJW 1987, 827; MDR 1987, 89; DB 1987, 279
06.06.1989, Beschluss, Az.: 1 BvR 803/86	BVerfGE 80, 170; NJW 1989, 3211; FamRZ 1989, 939; MDR 1989, 1074; DNotZ 1990, 302
07.02.1990, Beschluss, Az.: 1 BvR 26/84	BVerfGE 81, 242; BGBl. 1990 I, 575; NJW 1990, 1469; NJW-RR 1990, 736; MDR 1990, 600; WM 1990, 559

23.03.1990, Beschluss, Az.: 2 BvL 1/86	BVerfGE 81, 363; NJW 1991, 97; FamRZ 1990, 839; FuR 1990, 230
29.05.1990, Beschluss, Az.: 1 BvL 20/84	BVerfGE 82, 60; BStBl. 1990 II, 653; NJW 1990, 2669; FamRZ 1990, 955; FuR 1990, 218; MDR, 1990, 1088; DB 1990, 1492
27.12.1991, Kammerbeschluss, Az.: 2 BvR 72/90	NJW 1992, 1219; BStBl. 1992 II, 212; DStR 1992, 107; FR 1992, 270; StuW 1992, 186
16.11.1992, Beschluss, Az.: 1 BvL 17/89	BVerfGE 87, 348; NJW 1993, 1057; FamRZ 1993, 161; FuR 1993, 44; FPR 1995, 22
19.10.1993, Beschluss, Az.: 1 BvR 567/89	BVerfGE 89, 214; NJW 1994, 36; FamRZ 1994, 151; DB 1993, 2580; DNotZ 1995, 523
06.02.2001, Urteil, Az.: 1 BvR 12/92	BVerfGE 103, 89; NJW 2001, 957; FamRZ 2001, 343; FuR 2001, 163; FF 2001, 59; FPR 2001, 137; MDR 2001, 392; DNotZ 2001, 222; MittBayNot 2001, 207
29.03.2001, Kammerbeschluss, Az.: 1 BvR 1766/92	NJW 2001, 2248; FamRZ 2001, 985; FuR 2001, 301; FPR 2003, 199; DNotZ 2001, 708; MittBayNot 2001, 485
05.02.2002, Beschluss, Az.: 1 BvR 105/95	NJW 2002, 1185
05.02.2002, Beschluss, Az.: 1 BvR 105/95	BVerfGE 105, 1; FamRZ 2002, 527; FuR 2002, 134; FPR 2002, 134; JZ 2002, 658
05.02.2002, Beschluss, Az.: 1 BvR 105/95	BVerfGE 105, 1; FamRZ 2002, 527; FuR 2002, 134; FPR 2002, 180; FF 2002, 63
20.05.2003, Kammerbeschluss, Az.: 1 BvR 237/97	NJW 2003, 2819; FamRZ 2003, 1173, FuR 2003, 404; FPR 2003, 465
17.12.2014, Urteil, Az.: 1 BvL 21/12	BStBl. 2015 II, 50; NJW 2015, 303; FamRZ 2015, 213; FuR 2015, 248; DStR 2015, 31; DB 2015, 42

B. Entscheidungen des Bundesgerichtshofs

22.01.1951, Urteil, Az.:   BGHZ 1, 87
IV ZR 73/50

29.11.1951, Urteil, Az.:   BGHZ 4, 91
IV ZR 71/51

13.12.1951, Urteil, Az.:   BGHZ 4, 186
IV ZR 44/51

03.02.1953, Urteil, Az.:   BGHZ 9, 1
I ZR 61/52

09.07.1953, Urteil, Az.:   BGHZ 10, 228
IV ZR 242/52

27.01.1954, Urteil, Az.:   BGHZ 12, 154
VI ZR 16/53

16.02.1954, Beschluss,   BGHZ 12, 286
Az.: V BLw 60/53

03.06.1954, Urteil, Az.:   BGHZ 14, 7
VI ZR 218/53

09.06.1954, Urteil, Az.:   BGHZ 14, 25
II ZR 70/53

27.06.1957, Urteil, Az.:   BGHZ 25, 47; NJW 1957, 1358; WM 1957, 976
II ZR 15/56

03.12.1958, Entscheidung,   BGHZ 29, 6; NJW 1959, 626; FamRZ 1959,
Az.: V ZR 28/57   113; DB 1959, 623; MDR 1959, 288; DNotZ
    1959, 215

29.04.1959, Urteil, Az.:   BGHZ 30, 140, NJW 1959, 2207; FamRZ 1959,
IV ZR 265/58   450; MDR 1959, 738

25.01.1961, Urteil, Az.:   BGHZ 34, 200; NJW 1961, 775; WM 1961,
V ZR 80/59   543; MDR 1961, 402

25.10.1961, Urteil, Az.: V ZR 103/60	BGHZ 36, 84; WM 1962, 88
21.03.1962, Urteil, Az.: IV ZR 251/61	BGHZ 37, 58; NJW 1962, 1719; FamRZ 1962, 372
20.06.1962, Urteil, Az.: V ZR 219/60	BGHZ 37, 233; NJW 1962, 1715; MDR 1962, 727; BB 1962, 983
12.07.1962, Urteil, Az.: VII ZR 28/61	BGHZ 37, 363; WM 1962, 960
16.10.1963, Urteil, Az.: IV ZR 339/62	MDR 1964, 305; WM 1964, 234
03.11.1965, Urteil, Az Ib ZR 137/63	WM 1966, 115; BB 1966, 179
22.02.1967, Urteil, Az.: IV ZR 331/65	BGHZ 47, 157; WM 1967, 870
27.10.1967, Urteil, Az.: V ZR 153/64	BGHZ 48, 396; NJW 1968, 39; MDR 1968, 136
20.05.1968, Urteil, Az. VII ZR 80/67	BGHZ 50, 191; NJW 1968, 1928; ; WM 1968, 803; MDR 1968, 751; DB 1968, 1396
29.06.1970, Urteil, Az.: II ZR 158/69	BGHZ 55, 5; NJW 1971, 375; MDR 1971, 279; WM 1971, 127; BB 1971, 101
20.10.1971, Urteil, Az.: VIII ZR 212/69	BGHZ 57, 123; NJW 1972, 48
22.12.1971, Urteil, Az.: VIII ZR 136/70	BGHZ 58, 20; WM 1972, 133
31.01.1975, Urteil, Az.: IV ZR 18/74	BGHZ 64, 5; NJW 1975, 827; MDR 1975, 476; WM 1975, 392
29.09.1977, Urteil, Az.: III ZR 164/75	BGHZ 69, 295; NJW 1977, 2356; ; DB 1977, 2356; WM 1977, 1300

28.06.1978, Urteil, Az.: IV ZR 47/77	BGHZ 72, 85; NJW 1978, 1855; FamRZ 1978, 678; MDR 1978, 910; DNotZ 1978, 732; DB 1978, 1731
11.07.1979, Urteil, Az.: IV ZR 159/77	NJW 1979, 2099; FamRZ 1979, 905; NDR 1980, 41
24.10.1979, Urteil; Az.: IV ZR 171/78	NJW 1980, 393; FamRZ 1980, 126
12.11.1980, Urteil, Az.: VIII ZR 293/79	BGHZ 78, 369; NJW 1981, 275; DB 1981, 256; MDR 1981, 310
14.01.1981, Urteil, Az.: IVb ZR 525/80	NJW 1981, 239; FamRZ 1981, 239; MDR 1981, 478
08.07.1981, Urteil, Az.: IVb ZR 593/80	NJW 1981, 2805; FamRZ 1981, 1042; MDR 1981, 214
26.11.1981, Urteil, Az.: IX ZR 91/80	BGHZ 82, 227; NJW 1982, 1093; FamRZ 1982, 246; MDR 1982, 401
21.04.1982, Urteil, Az.: IVb ZR 696/80	NJW 1982, 1812; FamRZ 1982, 792; MDR 1982, 1003
09.06.1982, Urteil, Az.: IVb ZR 704/80	NJW 1982, 2491; FamRZ 1982, 913; MDR 1983, 8341
08.07.1982, Urteil, Az.: IX ZR 99/80	BGHZ 84, 361; NJW 1982, 2236; FamRZ 1982, 910; MDR 1982, 929; DB 1982, 2665
23.09.1982, Urteil, Az.: VII ZR 183/80	BGHZ 85, 39; NJW 1983, 109; WM 1982, 1251; DB 1982, 2615; MDR 1983, 222
23.09.1982, Urteil, Az.: VII ZR 183/80	BGHZ 85, 39; NJW 1983, 109; DB 1982, 2615; BB 1983, 2182
08.12.1982, Urteil, Az.: IVb ZR 333/81	BGHZ 86, 82; NJW 1983, 1851; FamRZ 1983, 137; MDR 1983, 296; MittBayNot 1983, 129
01.12.1983, Urteil, Az.: IX ZR 41/83	BGHZ 89, 137; NJW 1984, 484; FamRZ 1984, 144; MDR 1984, 311; DNotZ 1984, 573

16.12.1983, Urteil, Az.: IX ZR 90/81	BGHZ 86, 143; NJW 1983, 753; FamRZ 1983, 157; MDR 1983, 309; MittBayNot 1983, 19
28.03.1984, Urteil, Az.: IVb ZR 64/82	NJW 1984, 2358; FamRZ 1984, 662; MDR 1984, 1010
27.06.1984, Urteil, Az.: IVb ZR 20/83	FamRZ 1985, 354
26.09.1984, Urteil, Az.: IVb ZR 17/83	NJW 1985, 732; FamRZ 1985, 158; MDR 1985, 303
06.12.1984, Urteil, Az.: IVb ZR 53/83	BGHZ 93, 123; NJW 1985, 806; FamRZ 1985, 273; MDR 1985, 391
06.12.1984, Urteil, Az.: IVb ZR 53/83	BGHZ 93, 123; NJW 1985, 806; FamRZ 1985, 273; MDR 1985, 391
16.01.1985, Urteil, Az.: IVb ZR 60/83	NJW 1985, 907; FamRZ 1985, 360; MDR 1985, 473
24.04.1985, Urteil, Az.: IVb ZR 22/84	NJW 1985, 1833; FamRZ 1985, 788; MDR 1985, 828
23.10.1985, Urteil, Az.: IVb ZR 52/84	NJW-RR 1986, 66; FamRZ 1986, 48; DB 1986, 221; MDR 1986, 215
15.01.1986, Urteil, Az.: IVb ZR 22/85	NJW-RR 1986, 685; FamRZ 1986, 556; MDR 1986, 655
19.03.1986, Urteil, Az.: IVb ZR 18/85	NJW 1986, 1869; FamRZ 1986, 668; MDR 1986, 740
21.03.1986, Urteil, Az.: V ZR 23/85	BGHZ 97, 264; NJW 1986, 2245; FamRZ 1986, 969; DNotZ 1987, 759; MDR 1986, 835
07.05.1986, Urteil, Az.: IVb ZR 42/85	FamRZ 1986, 776; NJW-RR 1986, 1066; DNotZ 1986, 633; MittBayNot 1986, 181
20.05.1987, Urteil, Az.: IVb ZR 62/86	BGHZ 101, 65; NJW 1987, 2814; FamRZ 1987, 791; MDR 1987, 826; DNotZ 1988, 171; Mitt-BayNot 1987, 205

24.02.1988, Urteil, Az.: IVb ZR 3/87	BGHZ 103, 267; NJW 1988, 2799; NJW-RR 1988, 1412; FamRZ 1988, 604; MDR 1988, 568
07.06.1988, Urteil, Az.: IX ZR 144/87	BGHZ 104, 355; NJW 1988, 3265; DB 1988, 2198; MDR 1988, 858
13.07.1988, Urteil, Az.: IVb ZR 39/87	NJW-RR 1988, 1093; FamRZ 1988, 1031; MDR 1988, 1041
02.11.1988, Urteil, Az.: IVb ZR 7/88	NJW 1989, 524; FamRZ 1989, 170; MDR 1989, 240
15.02.1989, Urteil, Az.: IVb ZR 41/88	NJW 1989, 1990; NJW-RR 1989, 966; FamRZ 1989, 718; MDR 1989, 723
28.02.1989, Urteil, Az.: IX ZR 130/88	BGHZ 107, 92; NJW 1989, 1276; NJW-RR 1989, 819; DB 1989, 1018; MDR 1989, 630
28.02.1989, Urteil, Az.: IX ZR 130/88	BGHZ 107, 92; NJW 1989, 1276; DB 1989, 1018; BB 1989, 731; MDR 1989, 630;
04.04.1990, Urteil, Az.: IV ZR 42/89	FamRZ 1990, 855; NJW-RR 1990, 834; MDR 1990, 1097
28.11.1990, Urteil, Az.: XII ZR 16/90	NJW 1991, 913; NJW-RR 1991, 579; FamRZ 1991, 306; FuR 1991, 108; MDR 1991, 642
29.11.1990, Urteil, Az.: IX ZR 29/90	BGHZ 113, 98; NJW 1991, 560; DB 1991, 1661; MDR 1991, 431
13.03.1991, Urteil, Az.: XII ZR 53/90	BGHZ 114, 74; NJW 1991, 2283; FamRZ 1991, 923; MDR 1991, 972
27.11.1991, Urteil, Az.: IV ZR 266/90	BGHZ 116, 178; NJW 1992, 558; FamRZ 1992, 444; DNotZ 1992, 503; MDR 1992, 263
25.02.1992, Urteil, Az.: V ZR 63/93	BGHZ 125, 218; NJW 1994, 1344; MDR 1994, 985; DNotZ 1994, 764; MittBayNot 1994, 414
05.05.1992, Urteil, Az.: X ZR 134/90	BGHZ 118, 182; NJW 1992, 2557; MDR 1992, 938; WM 1992, 1780

09.07.1992, Urteil, Az.: XII ZR 57/91	NJW 1992, 3164; FamRZ 1992, 1403; MDR 1993, 53; DNotZ 1993, 524; MittBayNot 1993, 23
06.04.1994, Urteil, Az.: IX ZR 61/94	BGHZ 129, 236; NJW 1994, 446; DB 1995, 1902
25.05.1994, Urteil, Az.: XII ZR 17/93	NJW-RR 1994, 1154; FamRZ 1995, 540
13.07.1994, Urteil, Az.: XII ZR 1/93	BGHZ 127, 50; NJW 1994, 2545; FamRZ 1994, 1167; FuR 1994, 301; MDR 1994, 1219; ZEB 1994, 113; DNotZ 1995, 668; MittBayNot 1994, 442
20.09.1995, Urteil, Az.: VIII ZR 52/94	BGHZ 130, 371; DB 1995, 2472; MDR 1995, 55
18.09.1996, Beschluss, Az.: XII ZB 206/94	NJW 1997, 126; FamRZ 1996, 1536; FuR 1997, 25; MDR 1997, 169; DNotZ 1997, 406; MittBayNot 1996, 441
18.09.1996, Beschluss, Az.: XII ZB 206/94	NJW 1997, 126; FamRZ 1996, 1536; FuR 1997, 25; FPR 1997, 42; MMDR 1997, 169; DNotZ 1997, 406; MittBayNot 1996, 441
02.10.1996, Beschluss, Az.: XII ZB 1/94	NJW 1997, 192; FamRZ 1997, 156, FuR 1997, 89; FF 1997, 81; MDR 1997, 264; DNotZ 1997, 410; MittBayNot 1997, 40
02.10.1996, Beschluss, Az.: XII ZB 1/94	NJW 1997, 192; FamRZ 1997, 156; FuR 1997, 89; FF 1997, 81; MDR 1997, 264; DNotZ 1997, 410; MittBayNot 1997, 40
23.04.1997, Urteil, Az.: XII ZR 20/95	NJW 1997, 2747; FamRZ 1997, 933; DNotZ 1998, 823; MittBayNot 1997, 295
07.05.1997, Urteil, Az.: IV ZR 179/96	BGHZ 135, 333; NJW 1997, 2519
05.11.1997, Urteil, Az.: XII ZR 20/96	NJW 1998, 978; FamRZ 1998, 367; MDR 1998, 225

01.04.1998, Urteil, Az.: XII ZR 278/96	BGHZ 138, 239; NJW 1998, 1857; FamRZ 1998, 902; MDR 1998, 781; FPR 1999, 302; DNotZ 1999, 46; MittBayNot 1998, 350
23.11.1998, Urteil, Az.: II ZR 54/98	BGHZ 140, 74; NJW 1999, 1326; NJW-RR 1999, 1052; DStR 1999, 331; MDR 1999, 344; DB 1998, 2458
06.05.1999, Urteil, Az.: VII ZR 132/97	BGHZ 141, 357; NJW 1999, 2266; NJW-RR 1999, 1323; WM 1999, 1322
30.06.1999, Urteil, Az.: XII ZR 230/96	BGHZ 142, 137; NJW 1999, 2962; FamRZ 1999, 1580; FuR 1999, 241; ZEV 1999, 398; DB 1999, 2106; MittBayNot 1999, 565
21.02.2001, Urteil, Az.: XII ZR 34/99	BGHZ 146, 391; NJW 2001, 1789; FamRZ 2001, 541; FuR 2001, 184
05.04.2001, Urteil, Az.: IX ZR 216/98	BGHZ 147, 233; DB 2001, 1668; MDR 2001, 1013
08.11.2002, Urteil, Az.: V ZR 398/01	NJW 2003, 510; FamRZ 2003, 223; FuR 2003, 332; MDR 2003, 269; ZEV 2003, 209; MittBayNot 2003, 332
11.12.2002, Urteil, Az.: XII ZR 27/00	NJW 2003, 1396; FamRZ 2003, 432; FuR 2003, 372; FF 2003, 65; FPR 2003, 244; MDR 2003, 334
25.06.2003, Urteil, Az.: XII ZR 161/01	BGHZ 155, 249; NJW 2003, 2982; FamRZ 2003, 1454; FuR 2004, 82; DB 2003, 2279; FF 2003, 213; ZFE 2003, 346; FF 2004, 260
09.07.2003, Urteil, Az.: XII ZR 83/00	NJW 2003, 3122; FamRZ 2003, 1471; FuR 2004, 30; FF 2003, 213; FPR 2003, 667; MDR 2003, 1182
27.08.2003, Urteil, Az.: XII ZR 300/01	BGHZ 156, 105; NJW 2003, 3339; FamRZ 2003, 1544; FuR 2004, 85; FF 2003, 247; FPR 2003, 662; MDR 2003, 1292

17.12.2003, Urteil, Az.: XII ZR 224/00	NJW 2004, 677; FamRZ 2004, 370; FuR 2004, 419; FF 2004, 89; FPR 2004, 157; MDR 2004, 450
11.02.2004BGH, Urteil vom, Az.: XII ZR 265/02	BGHZ 158, 81; NJW 2004, 930; FamRZ 2004, 601; FuR 2004, 119; FF 2004, 79; FPR 2004, 209; MDR 2004, 573; DNotZ 2004, 550; MittBayNot 2004, 270
11.02.2004, Urteil, Az.: XII ZR 265/02	BGHZ 158, 81; NJW 2004, 930; FamRZ 2004, 601; FuR 2004, 119; ; DNotZ 2004, 550; FPR 2004, 209; MittBayNot 2004, 270
21.04.2004, Versäumnisurteil, Az.: XII ZR 185/01	NJW 2004, 2675; FamRZ 2004, 1352; FuR 2005, 39; FF 2005, 153; FPR 2004, 576; MDR 2004, 1120
06.10.2004, Beschluss, Az.: XII ZB 110/99	NJW 2005, 137; FamRZ 2005, 26; FuR 2004, 545; FF 2005, 43; FamRB 2005, 8; MDR 2005, 216; MittBayNot 2005, 308
06.10.2004, Beschluss, Az.: XII ZB 57/03	NJW 2005, 139; FamRZ 2005, 185; FuR 2005, 228; FF 2005, 45; MDR 2005, 399; DNotZ 2005, 226
17.11.2004, Beschluss, Az.: XII ZB 46/01	FamRZ 2005, 189; FuR 2005, 225; NJW-RR 2005, 227; MDR 2005, 451
12.01.2005, Urteil, Az.: XII ZR 238/03	NJW 2005, 1370; FamRZ 2005, 691; FuR 2005, 264; MDR 2005, 815; DNotZ 2005, 703
16.02.2005, Urteil, Az.: IV ZR 18/04	NJW-RR 2005, 619; MDR 2005, 926
23.05.2005, Urteil, Az.: XII ZR 296/01	NJW 2005, 2387; FamRZ 2005, 1444; FuR 2005, 413; FF 2005, 263; FamRB 2005, 249; MDR 2005, 1353; DNotZ 2005, 1353; MittBayNot 2006, 44
28.09.2005, Urteil, Az.: XII ZR 189/02	BGHZ 165, 1; NJW 2006, 1268; FamRZ 2006, 607; FuR 2006, 273; DB 2006, 886; DStR 2006, 1467; DNotZ 2006, 531; MittBayNot 2006, 420

24.10.2005, Urteil, Az.: II ZR 55/04	NJW-RR 2006, 182; DNotZ 2006, 214; MDR 2006, 405; DB 2006, 41
23.11.2005, Urteil, Az.: XII ZR 155/03	NJW 2006, 2037; FamRZ 2006, 935; FamRB 2006, 200; MDR 2006, 1237; DNotZ 2006, 625
05.07.2006, Urteil, Az.: XII ZR 25/04	NJW 2006, 3142; FamRZ 2006, 1359; FuR 2006, 464; FF 2006, 263; MDR 2007, 94; DNotZ 2006, 910
25.10.2006, Urteil, Az.: XII ZR 144/04	NJW 2007, 904; FamRZ 2007, 197; FuR 2007, 81; FamRB 2007, 65; MDR 2007, 526; DNotZ 2007, 128
22.11.2006, Urteil, Az.: XII ZR 119/04	BGHZ 170, 77; NJW 2007, 907; FamRZ 2007, 450; FamRB 2007, 129; MDR 2007, 591; DNotZ 2007, 302; MittBayNot 2007, 405
28.02.2007, Urteil, Az.: XII ZR 165/04	NJW 2007, 764; FamRZ 2007, 974; FuR 2007, 327; FamRB 2007, 225; MDR 2007, 1023; DNotZ 2007, 764
28.03.2007, Urteil, Az.: XII ZR 119/04	NJW-RR 2007, 1370; FamRZ 2007, 1157; FuR 2007, 326
28.03.2007, Urteil, Az.: XII ZR 130/04	NJW 2007, 2851; FamRZ 2007, 1310; FuR 2007, 373; FamRB 2007, 257; FF 2007, 258; MDR 2007, 1198; DNotZ 2008, 130; MittBayNot 2008, 507
17.10.2007, Urteil, Az.: XII ZR 96/05	NJW 2008, 1076; FamRZ 2008, 386; FuR 2008, 235; FPR 2008, 111; MDR 2008, 324; DNotZ 2008, 459; MittBayNot 2008, 217
17.10.2007, Urteil, Az.: XII ZR 96/05	NJW 2008, 1076; FamRZ 2008, 386; FuR 2008, 235; FPR 2008, 111; MDR 2008, 324; DNotZ 2008, 459; MittBayNot 2008, 217
28.11.2007, Urteil, Az.: XII ZR 132/05	NJW 2008, 1080; FamRZ 2008, 582; FuR 2008, 208; FamRB 2008, 98; MDR 2008, 454

06.02.2008, Urteil, Az.: XII ZR 45/06	BGHZ 175, 207; NJW 2008, 1221; FamRZ 2008, 761; FuR 2008, 295; FPR 2008, 248; MDR 2008, 508; DNotZ 2008, 536; MittBayNot 2008, 384
05.03.2008, Urteil, Az.: XII ZR 22/06	NJW 2008, 1946; FamRZ 2008, 963; FuR 2008, 283; FF 2008, 248; FPR 2008, 384; MDR 2008, 747
09.07.2008, Urteil, Az.: XII ZR 6/07	NJW 2008, 3426; FamRZ 2008, 2011; FuR 2009, 35; FF 2008, 512; MDR 2009, 388; DNotZ 2009, 62
09.07.2008, Urteil, Az.: XII ZR 6/07	NJW 2008, 3426; FamRZ 2008, 2011; FuR 2009, 35; FF 2008, 512; FamRB 2008, 358; MDR 2009, 388
30.07.2008, Versäumnisurteil, Az.: XII ZR 126/06	NJW 2008, 3635; FamRZ 2008, 2104; FuR 2008, 597; FF 2008, 494; FPR 2008, 634; ; MDR 2009, 332
05.11.2008, Urteil, Az.: XII ZR 157/06	BGHZ 178, 322; NJW 2009, 842; FamRZ 2009, 198; FuR 2009, 106; MDR 2009, 266; DNotZ 2009, 294; MittBayNot 2009, 152
12.11.2008, Urteil, Az.: XII ZR 134/04	NJW 2009, 1343; FamRZ 2009, 193; FuR 2009, 102; FamRB 2009, 65; FF 2009, 160; MDR 2009, 264
19.11.2008, Urteil, Az.: XII ZR 129/06	NJW-RR 2009, 289; FamRZ 2009, 307; FuR 2009, 97; FF 2009, 130; MDR 2009, 328
18.03.2009, Beschluss, Az.: XII ZB 94/06	NJW 2009, 2124; FamRZ 2009, 1041; FuR 2009, 459; FF 2009, 324; FPR 2009, 369; MDR 2009, 808
26.10.2009, Urteil, Az.: II ZR 222/08	NJW 2010, 64; DStR 2010, 63; MDR 2010, 94; W 2009, 2321; DB 2009, 2650
01.07.2010, Urteil, Az.: IX ZR 58/09	FamRZ 2010, 1548; MDR 2010, 426; DB 2010, 1931; FamRB 2011, 51; ZEV 2011, 24; MittBayNot 2010, 738

02.02.2011, Urteil, Az.: XII ZR 11/09	NJW 2011, 2969; FamRZ 2011, 1377; MDR 2011, 1114; FamRB 2011, 267; FF 2011, 374; FamFR 2011, 392
09.02.2011, Urteil, Az.: XII ZR 40/09	BGHZ 188, 282; NJW 2011, 999; FamRZ 2011, 622; FuR 2011, 281; FF 2011, 218; FPR 2012, 119; MDR 2011, 490; DNotZ 2011, 856; MittBayNot 2011, 401
04.05.2011, Urteil, Az.: XII ZR 70/09	BGHZ 189, 284; NJW 2011, 1874; FamRZ 2011, 1041; FuR 2011, 458; FF 2011, 457; MDR 2011, 728
18.01.2012, Urteil, Az.: XII ZR 178/09	NJW 2012, 1144; FamRZ 2012, 517; FuR 2012, 257; FF 2012, 165; MDR 2012, 348
25.01.2012, Urteil, Az.: XII ZR 139/09	NJW 2012, 1209; FamRZ 2012, 525; FuR 2012, 254; FF 2012, 173; FamFR 2012, 152; FPR 2013, 340; MittBayNot 2012, 220
31.10.2012, Urteil, Az.: XII ZR 129/10	NJW 2013, 380; FamRZ 2013, 195; FuR 2013, 157; FF 2013, 69; FamFR 2013, 45; FamRB 2013, 34; MDR 2013, 227; DNotZ 2013, 528; MittBayNot 2013, 528
15.11.2012, Urteil, Az.: IX ZR 103/11	NJW-RR 2013, 757; WM 2013, 47
21.11.2012, Urteil, Az.: XII ZR 48/11	NJW 2013, 457; FamRZ 2013, 269; FF 2013, 119; MDR 2013, 224; DNotZ 2013, 376; MittBayNot 2013, 235
21.11.2012, Urteil, Az.: XII ZR 48/11	NJW 2013, 457; FamRZ 2013, 269; MDR 2013, 224; FF 2013, 119; DNotZ 2013, 376; MittBayNot 2013, 235
27.02.2013, Beschluss, Az.: XII ZB 90/11	NJW 2013, 1359; FamRZ 2013, 770; FuR 2013, 463; FamRB 2013, 169; FamFR 2013, 190; MDR 2013, 522; DNotZ 2013, 773
27.02.2013, Beschluss, Az.: XII ZB 90/11	NJW 2013, 1359; FamRZ 2013, 770; FuR 2013, 463; FF 2013, 212; FamFR 2013, 190; FamRB 2013, 169; MDR 2013, 522; DNotZ 2013, 773

26.06.2013, Urteil, Az.: XII ZR 133/11	NJW 2013, 2662; FamRZ 2013, 1366; FuR 2013, 642; FF 2013, 379; FamRB 2013, 346; MDR 2013, 1227
29.01.2014, Beschluss, Az.: XII ZB 303/13	NJW 2014, 1101; FamRZ 2014, 629; FuR 2014, 477; FamRB 2014, 162; FF 2014, 175; MDR 2014, 542; DNotZ 2014, 361
2014 15.05.2014BGH, Urteil vom, Aktenzeichen III ZR 375/12	NJW-RR 2014, 1399; FamRZ 2014, 1364; FamRB 2014, 282; FF 2014, 335; MDR 2014, 1082; DNotZ 2014, 679; MittBayNot 2014, 475
16.07.2014, Urteil, Az.: IV ZR 73/13	BGHZ 202, 102; NJW 2014, 2723; WM 2014, 1575
08.10.2014, Beschluss, Az.: XII ZB 318/11	NJW 2015, 52; FamRZ 2014, 1978; FuR 2015, 224; FF 2015, 510; MDR 2014, 1394; DNotZ 2015, 131
21.10.2014, Urteil, Az.: XI ZR 210/13	FamRZ 2015, 47; NJW-RR 2015, 143; MDR 2014, 1448; DNotZ 2015, 56
14.01.20014, Urteil, Az.: XII ZR 149/01	NJW-RR 2004, 793; FamRZ 2004, 792; FuR 2004, 222; FPR 2004, 408 MDR 2004, 754

C. Entscheidungen des Bundesfinanzhofs

12.07.1967, Urteil, Az.: I 204/64 — BFHE 90, 122; DStR 1967, 780; DB 1968, 23

08.08.1978, Urteil, Az.: VII R 125/74 — BFHE 125, 500; BStBl. 1978 II, 663; DStR 1979, 37

05.03.1980, Urteil, Az.: II R 148/76 — BFHE 130, 179; DB 1980, 2018; BB 1980, 1028; BStBl. 1980 II, 402

23.07.1980, Urteil, Az.: I R 43/77 — BFHE 131, 351; NJW 1981, 367; DStR 1981, 48; DB 1980, 2423; BB 1980, 1674; BStBl. 1981 II, 19

29.11.1982, Beschluss, Az.: GrS 1/81 — BFHE 137, 433; BStBl. 1983 II, 272; DB 1983, 915

28.11.1984, Urteil, Az.: II R 133/83 — BFHE 142, 511; BStBl. 1985 II, 159

13.08.1985, Urteil, Az.: VII R 172/83 — BFHE 144, 176; BStBl. 1985 II, 636; DStR 1985, 674; DB 1985, 2333

26.11.1986, Urteil, Az.: II R 190/81 — BStBl. 1987 II, 175; DStR 1987, 198; DB 1987, 921

28.06.1989, Urteil, Az.: II R 82/86 — BFHE 157, 229; DB 1989, 1954; BB 1989, 2238; MittBayNot 1989, 282; BStBl. 1989 II, 897

10.09.1992, Urteil, Az.: V R 104/91 — BFHE 169, 258; BStBl. 1993 II, 253; NJW 1993, 1551; DStR 1992, 1684; DB 1992, 2603

10.03.1993, Urteil, Az.: II R 87/91 — BFHE 171, 321; NJW 1994, 150; FamRZ 1993, 1433; DB 1993, 1757; DStR 1993, 987; BStBl. 1993 II, 510

02.03.1994, Urteil, Az.: II R 59/92 — BFHE 173, 432; NJW 1994, 2044; FamRZ 1994, 887; DB 1994, 865; BB 1994, 847; DStR 1994, 615; MittBayNot 1994, 266; DNotZ 1994, 554; BStBl. 1994 II, 366

29.10.1997, Urteil, Az.: I R 35/96	BFHE 184, 476; BStBl. 1998 II, 235; DStRE 1998, 324; FR 1998, 572; DB 1998, 1167
09.07.1998, Urteil, Az.: V R 68/96	BFHE 186, 161; BStBl. 1998 II, 637; DStR 1998, 1468; DStRE 1998, 777; DStZ 1998, 915; DB 1998, 2000
05.05.1999, Urteil, Az.: XI R 6/98	BFHE 188, 415; DStR 1999, 1310; DStRE 1999, 669; DB 1999, 1733; BB 1999, 1646; FR 1999, 956; BStBl. 1999 II, 735
19.08.1999, Urteil, Az.: I R 77/96	BFHE 189, 342; BStBl. 2000 II, 43; NJW-RR 2000, 176; DStR 1999, 1849
15.12.1999, Urteil, Az.: I R 29/97	BFHE 190, 446; BStBl. 2000 II, 527; NJW 2000, 1888; DStR 2000, 462; DStRE 2000, 359; DB 2000, 600
18.03.2004, Urteil, Az.: III R 25/02	BFHE 205, 470; BStBl. 2004 II, 787; NJW 2004, 2776; DStR 2004, 1078; DStRE 2004, 800
16.12.2004, Urteil, Az.: III R 38/00	BFHE 209, 62; NJW-RR 2005, 736; DStRE 2005, 449; ZEV 2005, 315; FR 2005, 839; BB 2005, 2392; BStBl. 2005 II, 554
12.07.2005, Urteil, Az.: II R 29/02	BFHE 210, 470; BStBl. II 2005, 843; DStR 2005, 1772; DB 2005, 2504; NJW 2005, 3663; ZErb 2005, 419; FR 2005, 41; ZEV 2005, 490
24.08.2005, Urteil, Az.: II R 28/02	FamRZ 2006, 1670; DStR 2006, 178; ZEV 2006, 41; MittBayNot 2006, 455
28.06.2007, Urteil, Az.: II R 12/06	BFHE 217, 260; NJW 2008, 166; DStRE 2007, 1207; ZEV 2007, 500; BB 2007, 2108; BStBl. 2007 II, 785
19.12.2007, Urteil, Az.: I R 21/07	BFHE 220, 244; BStBl. 2008 II, 619; DStR 2008, 962; DStRE 2008, 711; DB 2008, 1076

D. Entscheidungen anderer Gerichte

03.02.1915, RG, Urteil, Az.: V 414/14	RGZ 86, 191
22.11.1915, RG, Urteil, Az.: IV 176/15	RGZ 87, 301
01.12.1932, RG, Urteil, Az.: IV 235/32	RGZ 138, 373
24.03.1939, RG, Urteil, Az.: III 118/38	RGZ 160, 349
24.04.1979, OLG Stuttgart, Urteil, Az.: 6 U 169/78	NJW 1979, 2409
16.09.1982, BAG, Urteil, Az.: 2 AZR 228/80	BAGE 41, 54; NJW 1984, 446; DB 1983, 2780; MDR 1984, 81
17.12.1983, BayObLG, Urteil, Az.: RReg 1 St 272/82	NJW 1983, 831; FamRZ 1983, 277; MDR 1983, 509
20.12.1984, BAG, Urteil, Az.: 2 AZR 536/83	BAGE 47, 374; NJW 1986, 85; MDR 1985, 1051; BB 1985, 1853
26.06.1989, OLG Koblenz, Urteil, Az.: 13 UF 1117/88	NJW-RR 1990, 838; FamRZ 1990, 41
19.10.1989, OLG Karlsruhe, Urteil, Az.: 2 UF 177/88	NJW 1990, 2070; FamRZ 1990, 163
10.04.1995, OLG Schleswig, Beschluss, Az.: 2 W 138/94	NJW-RR, 1996, 134; FamRZ 1995, 1586; MDR 1995, 718
23.12.1997, OLG Dresden, Urteil, Az.: 10 UF 303/97	FamRZ 1999, 396

12.02.1998, BVerwG, Urteil, Az.: 3 C 55/96	BVerwGE 106, 177; NJW 1998, 2545
29.04.1998, OLG Bamberg, Urteil, Az.: 7 UF 240/97	FamRZ 1999, 876
20.11.1998, OLG Hamm, Urteil, Az.: 11 UF 224/97	FamRZ 1999, 917
06.02.2001, OLG Köln, Urteil, Az.: 1 BvR 12/92	NJW 2001, 957; FamRZ 2001, 347; FuR 2001, 163; MDR 2001, 392; DNotZ 2001, 161
04.06.2002, FG Köln, Urteil, Az.: 9 K 2513/98	EFG 2002, 1254
04.06.2002, FG Köln, Urteil, Az.: 9 K 5053/98	DStRE 2002, 1248; ErbStB 2003, 5; RNotZ 2003, 65
13.01.2004, OLG Koblenz, Urteil, Az.: 11 UF 713/02	FamRZ 2004, 805
29.01.2004, OLG Koblenz, Urteil, Az.: 7 UF 574/03	FamRZ 2004, 1515
23.03.2004, OLG München, Beschluss, : Az.: 16 UF 1790/03	FamRZ 2005, 215, FamRB 2005, 3
14.06.2006, FG Düsseldorf, Urteil, Az.: 4 K 7107/02 Erb	DStRE 2006, 1470; ZErb 2007, 24; RNotZ 2007, 55
09.05.2007, OLG Thüringen, Beschluss, Az.: 1 WF 9/07	FamRZ 2007, 2079; FuR 2007, 494; FamRB 2008, 66
16.11.2010, BAG, Urteil, Az.: 9 AZR 573/09	BAGE 136, 156; NJW 2011, 1306; DStR 2011, 1474; DB 2011, 822; MDR 2011, 243; BB 2011, 1212

Teil 1 – Einführung

A. Einleitung

Diese Arbeit befasst sich mit der Zulässigkeit und den Grenzen des Instruments der „Güterstandsschaukel", also des doppelten Güterstandswechsels während fortbestehender Ehe in zivilrechtlicher und steuerrechtlicher Hinsicht.

Die Güterstandsschaukel kommt als steuerfreie Übertragungsmöglichkeit von Vermögen zwischen Ehegatten grds. immer in Betracht. Sie hat für die Ehegatten allerdings nur positive Auswirkungen bei größeren Vermögen: § 16 Abs. 1 Nr. 1 ErbStG räumt Ehegatten für Schenkungen einen Freibetrag in Höhe von 500.000,- € ein. Daneben besteht ein Versorgungsfreibetrag von 256.000,- € gem. § 17 Abs. 1 S. 1 ErbStG. Darüber hinaus wird durch § 13 Abs. 1 Nr. 4a S. 1 ErbStG den Ehegatten die Möglichkeit eingeräumt, die für eigene Wohnzwecke genutzte Immobilie (Familienheim) steuerfrei auf den anderen Ehegatten zu übertragen. Bis zu diesen Beträgen kann ein Ehegatte schenkungsteuerfrei Vermögen auf den anderen Ehegatten übertragen. Für den Ehegatten, der den höheren Zugewinn erwirtschaftet hat, besteht in diesen Konstellationen damit keine Notwendigkeit, auf das notariell beurkundungspflichtige Gestaltungsinstrument der Güterstandsschaukel zurückzugreifen, da kostenneutral an den anderen Ehegatten geschenkt werden kann.

Nur wenn die Grenzen der durch § 16 Abs. 1 Nr. 1 ErbStG eingeräumten Freibeträge überschritten werden, der erwirtschaftete Zugewinn also deutlich höher ist als eine Million Euro, oder die Ehegatten die durch das ErbStG eingeräumten Freibeträge nicht ausschöpfen möchten, wirkt sich die Gestaltung über den doppelten Güterstandswechsel für die Ehegatten positiv aus. In allen anderen Fällen kann das Vermögen aufgrund der (hohen) Freibeträge des § 16 Abs. 1 Nr. 1 ErbStG auch ohne Wechsel des Güterstands steuerfrei von einem auf den anderen Ehegatten übertragen werden. Daraus wird deutlich, dass dieses Instrument lediglich bei begüterten Ehegatten ein sinnvolles Gestaltungsmittel darstellt. Dies gilt umso mehr, wenn die Ehegatten langfristig an der Übertragung von Vermögen interessiert sind. In derartigen Konstellationen steht den Ehegatten die Möglichkeit offen, alle zehn Jahre die Freibeträge des § 16 Abs. 1 Nr. 1 ErbStG auszuschöpfen, § 4 Abs. 1 S. 1 ErbStG.

Die vorliegende Arbeit soll zunächst die Wirkweisen des doppelten Güterstandswechsels darlegen, bevor auf die Grenzen der zulässigen Gestaltungen und Missbrauchsmöglichkeiten eingegangen werden soll. Ausgangspunkt der Überlegungen stellen zwei Urteile des BGH[1] und des BFH[2] dar, in denen beide Gerichte die Gestaltung des doppelten Güterstandswechsel als grds. zulässig anerkannt haben. Diese Entscheidungen sind wohl entscheidend dafür verantwortlich, dass in der Folge die Güterstandsschaukel in der Literatur als (zivil- und steuerrechtlich) sicheres Instrument zur steuerfreien Vermögensübertragung zwischen Ehegatten empfohlen wird[3]. Aufgrund dieser allgemeinen Anerkennung der Güterstandsschaukel als ein grds. zu billigendes güterrechtliches Gestaltungsinstrument soll im Rahmen dieser Arbeit daher insbesondere auf die Grenzen ehevertraglicher Gestaltungen eingegangen werden und untersucht werden, inwiefern in zivilrechtlicher Hinsicht Missbrauchsmöglichkeiten – und damit einhergehend Unsicherheiten im Rahmen der Vertragsgestaltung – bestehen.

Dass weder im Rahmen der Urteilsbegründung des BFH[4], noch in der Folgezeit eine eingehende Missbrauchskontrolle bei der Güterstandsschaukel durchgeführt worden ist, verwundert. Dies gilt umso mehr, als sich der Verdacht eines Missbrauchs in dem zur Entscheidung vorgelegenen Fall förmlich aufdrängte[5]. Wenngleich in der Literatur[6] mitunter die Möglichkeit einer rechtsmissbräuchlichen Gestaltung quasi präsentiert wird, steht eine gerichtliche Entscheidung nach der des BFH[7] noch immer aus. Auch ist bislang nicht ersichtlich, dass die Finanzverwaltung im Rahmen ihrer Möglichkeiten verschärft auf potentiellen Rechtsmissbrauch achtet.

Auch in zivilrechtlicher Hinsicht fand – soweit ersichtlich –noch keine richterliche Ehevertragskontrolle im Hinblick auf den Missbrauch der Güterstandsschaukel statt, wenngleich die Anknüpfungspunkte sogar vielfältiger sind als in steuerrechtlicher Hinsicht.

---

[1] NJW 1992, 558.
[2] NJW 2005, 3663 = DStR 2005, 1772 = FR 2006, 41 = ZEV 2005, 490.
[3] Zu dieser Gestaltung raten etwa *Münch*, in: Beck'sches Formularbuch FamR, H. I. 3; *Brambring*, in: MAH-Familienrecht, § 23 Rn. 53 ff.; *Bisle* DStR 2011, 2359 ff.; *v. Oertzen* ErbStB 2005, 71 ff.; *v. Oertzen/Cornelius* ErbStB 2005, 349 ff.; *v. Oertzen/ Schienke-Ohletz* FPR 2012, 103 ff.; *Langenfeld* NJW 2011, 966 ff.
[4] NJW 2005, 3663.
[5] *Wachter* FR 2006, 42, 43.
[6] *Münch* StB 2003, 130 ff.; *Brambring* ZEV 1996, 248, 253 f.
[7] NJW 2005, 3663.

Um einen (potentiellen) Rechtsmissbrauch des Instruments der Güterstandsschaukel zu untersuchen, ist es zunächst erforderlich, die Grundsätze der zivilrechtlichen und steuerrechtlichen Gestaltungsmöglichkeiten aufzuzeigen.

Für ein grundlegendes Verständnis der Güterstandsschaukel soll zunächst eine Einführung in die Güterstände des BGB erfolgen. Sodann wird das Instrument der Güterstandsschaukel erläutert und dessen grundsätzliche Zulässigkeit dargelegt. In diesem Zusammenhang erfolgt auch eine Darstellung der steuerlichen Auswirkungen eines Güterstandswechsels. Ein derartiges Verständnis ist erforderlich, um die Wirkweisen der Güterstandsschaukel (insbesondere auch bei rückwirkender Vereinbarung der Zugewinngemeinschaft) erfassen zu können. Auch ist im Rahmen der Beurteilung eines etwaigen Missbrauchs dieser Gestaltung ein Verständnis des Verhältnisses von Zivilrecht und Steuerrecht erforderlich, auf das in der gebotenen Kürze eingegangen werden soll.

Ziel der Arbeit ist eine systematische Untersuchung der geltenden Rechtslage. Hierbei soll zunächst insbesondere die grundsätzliche Zulässigkeit des doppelten Güterstandswechsels erörtert werden, wobei vor allem die zivilrechtlichen Möglichkeiten der Gestaltung aufgezeigt werden sollen. Aus der Darstellung der Wirkweisen des doppelten Güterstandswechsels wird die grundsätzliche Zulässigkeit der Güterstandsschaukel[8] hergeleitet. Sodann sollen in zivilrechtlicher Sicht die Grenzen der Gestaltung sowie Missbrauchsmöglichkeiten aufgezeigt werden. Es soll untersucht werden, inwiefern die Anwendung der Güterstandsschaukel – im Einzelfall – einen Missbrauch Verstoß gegen §§ 138, 242 BGB darstellen kann.

Hieraus resultiert ein de lege lata rechtssicherer Vertragsentwurf für den doppelten Güterstandswechsel.

---

[8] Dass es sich bei der Güterstandsschaukel um ein grds. zulässiges Gestaltungsinstrument handelt, ist weithin anerkannt, vgl. Rechtsprechung: BFH ZEV 2005, 490; Literatur statt vieler: *Langenfeld*, in: Münchener Vertragshandbuch, Nr. 14; *Münch*, Ehebezogene Rechtsgeschäfte, Rn. 902 ff.; Finanzverwaltung: R 12 ErbStR, die auch bestimmt, dass § 5 ErbStG bei ehevertraglicher Beendigung des Güterstands der Zugewinngemeinschaft Anwendung finden soll. Aus diesem Grund befasst sich die vorliegende Arbeit um die Missbrauchsgefahren und Grenzgestaltungen dieses Gestaltungsinstruments.

B. Die Güterstandsschaukel

Möchten Ehegatten untereinander Vermögen übertragen, kann das Institut der „Güterstandsschaukel"[9], also der doppelte Güterstandswechsel, ein opportunes Mittel darstellen. Grundidee dieses Gestaltungsinstruments ist es, den Güterstand der Zugewinngemeinschaft bei Fortbestand der Ehe als solcher zu beenden. Die Ehegatten vereinbaren ehevertraglich (§ 1408 BGB), dass der Güterstand der Zugewinngemeinschaft beendet wird. Mit Beendigung des Güterstands der Zugewinngemeinschaft entsteht kraft Gesetzes die Zugewinnausgleichsforderung nach § 1378 BGB. Entweder in der gleichen Urkunde oder in einer weiteren vereinbaren die Ehegatten den Wechsel zurück in die Zugewinngemeinschaft[10].

Um zu erfassen, wie dieses Instrument funktioniert, bedarf es insbesondere eines Verständnisses des gesetzlichen Güterstands der Zugewinngemeinschaft. Ebenfalls ist es erforderlich, die erwünschten Rechtsfolgen (Steuerfreiheit der Vermögensübertragung zur Erfüllung des Zugewinnausgleichsanspruchs) umfassend zu erfassen. Hierfür soll nachfolgend ein Überblick über die gesetzlichen Güterstände sowie die damit verbundenen Rechtswirkungen gegeben werden.

Zur Regelung der vermögensrechtlichen Verhältnisse unter Ehegatten kennt das BGB vier Güterstände, von denen einer gesetzlich und die anderen (ehe-) vertraglich begründet werden.

I. Zugewinngemeinschaft

Die Zugewinngemeinschaft (§§ 1363 – 1390 BGB) ist seit dem 01.07.1958[11] gesetzlicher Güterstand (§ 1363 Abs. 1 S. 1 BGB). Dies gilt seit dem 01.01.2005[12] auch für gleichgeschlechtliche Lebenspartner einer eingetragenen Lebenspartnerschaft nach dem Lebenspartnerschaftsgesetz (§ 6 LPartG)[13].

Ein Zugewinnausgleich nach §§ 1371 ff. BGB erfolgt, wenn der Güterstand durch Scheidung (§§ 1564 – 1568 BGB), Aufhebung der Ehe (§§ 1313 – 1318 BGB),

---

[9] Soweit ersichtlich wurde der Begriff erstmals von *Schotten* NJW 1990, 2841, 2846 verwendet.
[10] Zu den Einzelheiten des möglichen Wechsels oder anderer Wechselmöglichkeiten vgl. Teil 1 sub. 0. I. und II.
[11] BGBl. 1958 I, 609.
[12] Gesetz zur Überarbeitung des Lebenspartnerschaftsrechts vom 15.12.2004, BGBl. 2004 I, S. 3396.
[13] Soweit nachfolgend von „Ehegatten" die Rede ist, gilt dies entsprechend und wegen der Globalverweisung in § 6 S. 2 LPartG auch für Lebenspartner.

vorzeitigen Ausgleich des Zugewinns (§§ 1385 – 1388 BGB) oder durch Ehevertrag endet.

1. Prinzipien der Zugewinngemeinschaft

Im Güterstand der Zugewinngemeinschaft bleibt das Vermögen jedes Ehegatten, auch das nach Eintritt des Güterstandes erworbene, diesem zugewiesen. Die Zugewinngemeinschaft stellt keine Vermögensgemeinschaft dar (§ 1363 Abs. 2 S. 1 BGB), auch nicht hinsichtlich des während der Ehe von einem Ehegatten hinzuerworbenen Vermögens[14]. Jedem Ehegatten bleiben sein bei Beginn der Ehe vorhandenes Vermögen sowie das von ihm während der Dauer des bestehenden Güterstandes hinzuerworbene Vermögen zugeordnet[15]. Er kann es selbstständig verwalten (§ 1364 Hs. 1 BGB). Einschränkungen der Verfügungsbefugnis über das eigene Vermögen ergeben sich aus der ehelichen Solidarität insoweit als ein Ehegatte nicht ohne Zustimmung des anderen über sein Vermögen im Ganzen (§ 1365 BGB) oder über Haushaltsgegenstände (§ 1369 BGB) verfügen darf.

Das gesetzliche Güterrecht verhält sich in der Frage, welcher Ehegatte Eigentümer der während des Güterstandes erworbenen Gegenstände wird, neutral. Diese Frage beurteilt sich allein nach allgemeinen sachenrechtlichen Vorschriften[16]. Die Zugewinngemeinschaft schließt sonstige zivilrechtliche Ansprüche (etwa schuldrechtliche) weder während des Bestehens noch nach Beendigung der Ehe aus[17]. Beim Ausgleich des Zugewinns sind solche Ansprüche als aktive bzw. passive Rechnungsposten in die Berechnung der Endvermögen einzustellen[18].

Im weiteren Verlauf der Arbeit ist im Rahmen der Missbrauchskontrolle ein Verständnis des Güterstands der Zugewinngemeinschaft erforderlich. Es ist zu untersuchen, ob und inwiefern der doppelte Güterstandswechsel mit den Prinzipien der Zugewinngemeinschaft vereinbar ist. Daher soll hier kurz die Genese des Güterstands dargelegt werden.

---

[14] BGH FamRZ 1991, 923, 923 f.; zu Einzelheiten vgl. *Jaeger*, in: Johannsen/Henrich, Familienrecht, vor § 1372 Rn. 3.
[15] *Koch*, in: MüKo-BGB, vor § 1363 Rn. 7.
[16] *Jaeger*, in: Johannsen/Henrich, Familienrecht, vor § 1372 Rn. 3.
[17] BGHZ 47, 157, 161.
[18] *Koch*, in: MüKo-BGB, vor § 1363 Rn. 16.

Die Rechtfertigung für die Zugewinngemeinschaft mit ihrem wesensbestimmenden Merkmal, dem Zugewinnausgleich[19], liegt in der Lebens- und Wirtschaftsgemeinschaft der Eheleute[20]. Der Vermögenserwerb eines Ehegatten ist während der Ehe regelmäßig mittelbar oder unmittelbar vom anderen Ehegatten unterstützt worden[21]. Eng verwandt mit diesem Mitverursachungsgedanken war der weitere Aspekt, dass in einer arbeitsteiligen Ehe häufig ein Ehegatte (im Zeitpunkt der Schaffung dieses Güterstands meist die Ehefrau) auf eigene Erwerbstätigkeit um der übernommenen ehelichen Aufgaben Willen überhaupt verzichtete[22]. Dieser Gedanke erlangte vor dem Hintergrund des Leitbildes der „Hausfrauenehe" Relevanz[23]. Diesem Aspekt dürfte allerdings zunehmend kaum noch Bedeutung zukommen, da die verschiedenen Eheleitbilder („Haushaltsführungsehe", „Doppelverdienerehe", „Zuverdienstehe" oder „Nichterwerbstätigenehe") kaum noch zeitgemäß sind[24]. Die Alleinverdienerehe ist ein Auslaufmodell. Das BVerfG[25] hat bereits vor über zehn Jahren ausgeführt, dass 78% der verheirateten Ehefrauen zwischen 40 und 45 Jahren einer Erwerbstätigkeit nachgehen. Hausarbeit und Berufstätigkeit schließen sich nicht immer aus und werden von der überwiegenden Anzahl der Eheleute für miteinander vereinbar erachtet. Entgegen früherer Übung ist es auch nicht mehr die Regel, dass sich Ehegatten auf Dauer zwischen Doppelverdiener- und Alleinverdienerehe entscheiden. Oftmals wollen beide Ehegatten grds. einer aushäusigen Arbeit nachgehen. Die Erwerbstätigkeit wird bei einem der Ehegatten hier nur wegen Kindererziehung unterbrochen. Darüber hinaus gibt es zahlreiche andere Motivationslagen, die für eine zeitweilige Unterbrechung der Berufstätigkeit maßgeblich sein können[26].

Der Zugewinnausgleich soll sicherstellen, dass beide Ehegatten an dem, was sie während der Ehe erworben haben, gerecht, mithin hälftig, beteiligt werden[27]. Im Interesse eines klaren und einfachen Ausgleichsmodus leitet sich der Ausgleichsanspruch aus vier Rechnungsgrößen ab: dem beiderseitigen Anfangsvermögen und dem beiderseitigen Endvermögen, die jeweils auf zwei Bilanzstichtage fixiert

---

[19] BGH FamRZ 1978, 678, 680.
[20] BGH FamRZ 1979, 905, 905; eingehend *Koch*, in: MüKo-BGB, vor § 1363 Rn. 5 ff.
[21] BGH FamRZ 1981, 239, 240.
[22] *Jaeger*, in: Johannsen/Henrich, Familienrecht, vor § 1372 Rn. 3.
[23] BGH FamRZ 1966, 560, 562; BGH FamRZ 1976, 82, 83.
[24] Kritisch zu den tradierten Ehebildern insbesondere *Scholz* FamRZ 2003, 265, 271 im Anschluss an BVerfG FamRZ 2002, 527; vgl. auch BVerfG FamRZ 2011, 986.
[25] FamRZ 2002, 527, 530.
[26] Zu Einzelheiten vgl. *Scholz* FamRZ 2003, 265, 267.
[27] BVerfG FamRZ 1989, 939, 941; BGH FamRZ 2013, 269, 270.

sind. Art und Grund von Vermögenszuwächsen spielen bei der Berechnung ebenso wenig eine Rolle wie die Ursachen von Vermögensverlusten[28]. In Anwendung einer schematischen, starren Stichtagsregelung ist grds. (Ausnahmen gelten für den privilegierten Erwerb, § 1370 Abs. 2 BGB) unter Zugewinn der Betrag zu verstehen, um den das Endvermögen eines Ehegatten (Vermögen im Zeitpunkt der Zustellung eines Ehescheidungsantrags) sein Anfangsvermögen (Vermögen im Zeitpunkt der Eheschließung) übersteigt (§ 1373 BGB). Anfangsvermögen ist das Vermögen, was einem Ehegatten nach Abzug der Verbindlichkeiten bei Eintritt des Güterstandes gehört[29]. Nach Inkrafttreten der Reform des Zugewinnausgleichs zum 01.09.2009 kann dieses Anfangsvermögen auch negativ sein mit der Folge, dass der andere Ehegatte an der Wertschöpfung durch den Abbau von Schulden beteiligt wird. Endvermögen ist das Vermögen, das einem Ehegatten nach Abzug der Verbindlichkeiten bei Beendigung des Güterstandes gehört. Übersteigt der Zugewinn des einen Ehegatten den des anderen, steht die Hälfte des Überschusses dem anderen Ehegatten als Ausgleichsforderung zu (§ 1378 Abs. 1 BGB).

2. Zugewinnausgleichsformen

Der Zugewinnausgleich kann erbrechtlich oder rechnerisch durchgeführt werden. Wird der Güterstand durch den Tod eines Ehegatten beendet, erfolgt der Ausgleich des Zugewinns dadurch, dass sich der gesetzliche Erbteil des überlebenden Ehegatten um ein Viertel erhöht (§ 1371 Abs. 1, 1. Hs. BGB)[30], ggf. durch eine Ausbildungshilfe an erbberechtigte Abkömmlinge des Verstorbenen, die nicht seiner Ehe mit dem Überlebenden entstammen, beschwert (§ 1371 Abs. 4 BGB). Im Fall der Beendigung des Güterstands durch Tod eines Ehegatten ist es unerheblich, ob die Ehegatten einen Zugewinn erzielt haben (§ 1371 Abs. 1, 2. Hs. BGB).

Wird der überlebende Ehegatte nicht Erbe und steht ihm auch kein Vermächtnis zu, so kann er Ausgleich des Zugewinns nach §§ 1373 – 1383, 1390 BGB verlangen (§ 1371 Abs. 2 BGB). § 1371 Abs. 3 BGB regelt die besonderen Folgen der Ausschlagung.

---

[28] *Koch,* in: MüKo-BGB, vor § 1363 Rn. 10.
[29] *Müting,* in: Klein, Handbuch FamVermR, Kap. 2 Rn. 1368.
[30] Kritisch zur Verknüpfung von Ehegüterrecht und Ehegattenerbrecht in § 1371 BGB und zu Reformbedarf *Röthel,* Gutachten A zum 68. DJT, 2010, A52 ff.

§ 1371 Abs. 2 und 3 BGB beinhalten hinsichtlich des Zugewinnausgleichs die güterrechtliche Lösung[31]. Sie werden den Fällen gleichgestellt, in denen der gesetzliche Güterstand nicht durch Tod beendet wird. Der überlebende Ehegatte erhält den kleinen Pflichtteil und kann ggf. Zugewinn nach §§ 1373 ff. BGB verlangen.

Die Folgen der erbrechtlichen Lösung können testamentarisch oder durch Ehevertrag ausgeschlossen oder abgeändert werden. Haben Ehegatten die Zugewinngemeinschaft ausgeschlossen, betrifft dies auch den Zugewinnausgleich von Todes wegen nach § 1371 Abs. 1 BGB wie auch nach §§ 1371 Abs. 2, Abs. 3 BGB[32]. Der Ausschluss kann auch auf die Folgen nach § 1371 Abs. 1 BGB beschränkt werden, sodass beim Tod eines Ehegatten nur die güterrechtliche Regelung greift[33].

Anders als bei der erbrechtlichen Lösung erhält der Ausgleichsberechtigte beim rechnerischen Zugewinnausgleich (§ 1372 BGB) nur einen grds. auf Geldzahlung gerichteten schuldrechtlichen Anspruch auf die Hälfte des Zugewinnüberschusses und kein eigenes Anteilsrecht und keine sonstige dingliche Mitberechtigung am Vermögen oder einzelnen Vermögensgegenständen oder am Zugewinn des Ausgleichspflichtigen[34]. Von der in der Praxis selten angewandten Ausnahme des § 1383 BGB abgesehen, richtet sich der Zugewinnausgleichsanspruch auf Zahlung von Geld. Ohne die Zustimmung des Ausgleichsberechtigten besteht auch nicht die Möglichkeit, die Forderung ganz oder teilweise in Sachwerten zu erfüllen[35].

3. Steuerfreiheit des Zugewinns

Der Zugewinnausgleich ist grds. steuerlich neutral. Er unterliegt insbesondere auch nicht einer Schenkung- oder Erbschaftsteuer[36].

§ 1378 Abs. 2 BGB ist Anknüpfungspunkt dafür, dass der Zugewinnausgleichsanspruch nicht der Besteuerung unterliegt, sondern vom Privileg des § 5

---

[31] *Brudermüller*, in: Palandt, § 1371 Rn. 1.
[32] *Koch*, in: MüKo-BGB, § 1371 Rn. 19; *Weinreich*, in: PWW, § 1371 Rn. 6.
[33] *Weinreich*, in: PWW, § 1371 Rn. 6,
[34] BGH FamRZ 1986, 776, 778; BGH FamRZ 1978, 678, 679; *Jaeger*, in: Johannsen/Henrich, vor § 1372 Rn. 7.
[35] *Thiele*, in: Staudinger-BGB, § 1378 Rn. 2.
[36] *Schlünder/Geißler* FamRZ 2005, 149, 155.

Abs. 2 ErbStG³⁷ erfasst wird³⁸. Zahlungen zur Erfüllung des Zugewinnausgleichsanspruchs stellen keine Schenkung im Sinne des § 7 ErbStG dar. Im Rechtssinn wie auch im allgemeinen Sprachgebrauch ist eine Leistung unentgeltlich, wenn ihr „keine Gegenleistung gegenübersteht [...]"³⁹. Damit sind nicht lediglich Leistungen, die in einem synallagmatischen Austauschverhältnis stehen bzw. bei denen eine kausale Verknüpfung von Leistung und Gegenleistung vorliegt entgeltlich, sondern auch solche, die zur Erfüllung einer rechtswirksamen Verbindlichkeit getätigt werden entgeltlich, da der Leistende hierdurch aufgrund der Befreiung von einer Verbindlichkeit einen Vermögensvorteil erfährt⁴⁰. Im Fall des Zugewinnausgleichs besteht ein familienrechtlicher Anspruch auf diese Zahlung. Mit diesem Anspruch verliert die Zahlung des Zugewinnausgleichsbetrages seine Freigebigkeit nach §§ 3, 7 ErbStG⁴¹. Der Zugewinnausgleichsberechtigte erhält keine unentgeltliche Leistung, da durch die Zahlung des Zugewinnausgleichsbetrags seine Ausgleichsforderung nach § 1378 Abs. 1 BGB erfüllt wird⁴². Auch nach Auffassung der Finanzverwaltung kommt es bei der Frage der Besteuerung einer Zugewinnausgleichszahlung allein auf das Merkmal an, ob diese Ausgleichsforderung kraft Gesetzes oder aufgrund ehevertraglicher Vereinbarung entstanden ist⁴³. Dass die causa des Entstehens des Anspruchs aus § 1378 Abs. 1 BGB rechtsgeschäftlich gesetzt wurde, ist damit zunächst grds. unerheblich.

4. Zusammenfassung

Der Ausgleichsmodus im Rahmen der Zugewinngemeinschaft stellt sicher, dass die Ehegatten hälftig am erwirtschafteten Zugewinn während bestehender Ehe partizipieren. Es liegt auf der Hand, dass der Gesetzgeber im Hinblick auf eine Beendigung des Güterstandes (insb. für den Fall der Scheidung der Ehe und die Beendigung des Güterstandes durch Tod eines Ehegatten) die Versorgung des jeweils anderen Ehegatten sicherstellen wollte. Inwiefern dieser Ausgleich auch bei

---

[37] Zu weiteren Einzelheiten der Besteuerung im Rahmen des Zugewinnausgleichs vgl. Teil 1 sub. 0. II. 3.
[38] BFH ZEV 2005, 490; FG Köln DStRE 2002, 1248.
[39] BGH DNotZ 2015, 56, 56.
[40] *Koch*, in: MüKo-BGB, § 516 Rn. 25; BGH NJW 1963, 1613, 1614.
[41] Langenfeld/*Milzer*, Rn. 443.
[42] BGH DNotZ 2015, 56, 57.
[43] Erbschaftssteuerrichtlinie R E 5.2 III ErbStG.

Fortbestand der Ehe (durch Güterstandswechsel) in berechtigter Weise gleichfalls steuerfrei erfolgen soll, ist im weiteren Verlauf der Arbeit zu untersuchen.

II. Die deutsch-französische Wahl-Zugewinngemeinschaft

Die Bundesrepublik Deutschland und die Französische Republik haben am 04.02.2010 das Abkommen über den gemeinsamen Güterstand der Wahl-Zugewinngemeinschaft geschlossen[44]. Die Wahl-Zugewinngemeinschaft tritt in beiden Staaten neben die bereits bestehenden Güterstände und steht Ehegatten zur Verfügung, deren Güterstand dem Recht eines der Vertragsstaaten unterliegt[45]. Ziel war es, mit der Einführung des neuen Güterstandes das deutsche und das französische Familienrecht aneinander anzugleichen[46]. Dieser neue Güterstand entspricht im Wesentlichen dem deutschen Güterstand der Zugewinngemeinschaft. Die Abweichungen vom deutschen Recht der Zugewinngemeinschaft[47] (etwa Herausnahme von Schmerzensgeldern, realen Wertsteigerungen von Immobilien aus der Ausgleichspflicht, Begrenzung der Ausgleichsforderung auf die Hälfte des zum Berechnungszeitpunkt vorhandenen Vermögens) spielen für die nachfolgenden Ausführungen keine Rolle und sollen daher unberücksichtigt bleiben.

III. Gütertrennung

Die Gütertrennung ist gesetzlich nicht normiert. Sie wird in § 1414 BGB lediglich vorausgesetzt. Der Güterstand der Gütertrennung ist der präferierte Güterstand, in den die Ehegatten im Rahmen des doppelten Güterstandswechsels hineinwechseln[48]. Insofern ist ein Verständnis der Rechtsfolgen dieses Güterstandes unabdingbar um die Folgen des Güterstandswechsels erfassen zu können.

1. Beginn und Beendigung der Gütertrennung

Gütertrennung tritt ein, wenn

- Ehegatten den gesetzlichen Güterstand vor oder nach Eheschließung ehevertraglich aufheben ohne einen anderen Güterstand zu vereinbaren (§§ 1408, 1410, 1411 BGB),

---

[44] BT-Drs. 17/5126, S. 11 ff.
[45] vgl. *Boden/Cremer*, in: MAH-Familienrecht, § 18 Rn. 6.
[46] *Koch*, in: MüKo-BGB, vor Art. 1 WahlZugAbk-F Rn. 1.
[47] Zu Einzelheiten vgl. *Becker* FF 2012, 199 ff.; *Braeuer* FF 2010, 113 ff.
[48] Vgl. nur *Münch*, in: Beck'sches Formularbuch FamR, Form H. I. 3.

- Eheleute während der Ehe eine bestehende Gütergemeinschaft aufheben ohne explizit einen anderen Güterstand zu vereinbaren, § 1414 S. 2, 2. Hs. BGB[49],
- Eheleute es zwar grds. beim gesetzlichen Güterstand belassen, ehevertraglich aber den Zugewinnausgleich ausschließen (§ 1414 S. 2 BGB)[50]. Modifikationen des gesetzlichen Güterstandes begründen nicht den Eintritt der Gütertrennung[51]. Gütertrennung tritt nur dann nicht ein, wenn der Ehevertrag ausdrücklich etwas anderes vorsieht,
- eine Entscheidung auf vorzeitigen Ausgleich des Zugewinns rechtskräftig wird (§§ 1385 ff., 1388 BGB),
- eine Entscheidung auf Aufhebung der Gütergemeinschaft rechtskräftig wird (§§ 1449 Abs. 1, 1470 Abs. 1 BGB),
- bei Vereinbarung der Gütertrennung im Ehevertrag.

Durch Art. 3 Nr. 4 des Gesetzes zur Strukturreform des Versorgungsausgleichs vom 03.04.2009[52] ist der Ausschluss des Versorgungsausgleichs für den Eintritt der Gütertrennung (§ 1414 S. 2 BGB a.F.) bedeutungslos geworden, bleibt aber für Eheverträge vor dem 01.09.2009 wirksam.

Die Gütertrennung endet durch Ehevertrag, wenn ein anderer Güterstand vereinbart wird[53], Tod, Scheidung oder Aufhebung der Ehe.

2. Wesen der Gütertrennung

Gütertrennung lässt keinerlei güterrechtliche Bindungen der Ehegatten eintreten[54]. Nach der Konzeption des BGB gehört eine Beteiligung am Vermögenszuwachs des anderen Ehegatten nicht zwingend zu den Folgen der Ehe. Die Vereinbarung des Güterstandes der Gütertrennung unterliegt aus diesem Grund keiner

---

[49] Streng genommen handelt es sich beim Güterstand der Gütertrennung damit um einen subsidiären gesetzlichen Güterstand.
[50] Grund hierfür ist, dass das wesensbestimmende Merkmal der Zugewinngemeinschaft (der Zugewinnausgleich) nicht aus dem Güterstand gestrichen werden können soll. Mit Entzug dieses wesensbestimmenden Merkmals soll sich auch der Güterstand insgesamt ändern, da der Zugewinnausgleich als namensgebender Part tragender Bestandteil des Güterstands ist; vgl. auch *Mayer*, in: Bamberger/Roth, § 1414 Rn. 5.
[51] Vgl. hierzu Teil 1 sub. 0. I.
[52] BGBl. 2009 I 700.
[53] BGH FamRZ 1998, 902, 903.
[54] *Braeuer* FamRZ 2014, 79, 80.

Inhaltskontrolle nach § 138 BGB und keiner Ausübungskontrolle nach § 242 BGB[55].

Die Vermögensmassen der Ehegatten bleiben getrennt. Jeder Ehegatte verwaltet sein Vermögen (vorbehaltlich einer Regelung gem. § 1413 BGB) und nutzt es selbst[56]. Vermögenszuwächse verbleiben dem jeweiligen Ehegatten und sind nicht ausgleichspflichtig. Im Fall der Auflösung der Ehe gewinnen jedoch vermögensrechtliche Ausgleichsansprüche außerhalb des Güterrechts besondere Bedeutung[57]. Insbesondere, wenn ein Ehegatte durch finanzielle Zuwendungen und/oder überpflichtgemäße Mitarbeit zur Vermögensbildung des anderen Ehegatten beigetragen hat, kann ein Ausgleichsanspruch unter Billigkeitsgesichtspunkten unter Annahme der Voraussetzungen einer unbenannten oder ehebedingten Zuwendung[58] und sog. Kooperationsvereinbarungen[59] gegeben sein. Die Geschäftsgrundlage eines derartigen familienrechtlichen Vertrages sui generis ist gerade mit Scheidung der Ehe entfallen. Wegen vereinbarter Gütertrennung stellt sich die Frage nach Ausgleichsansprüchen unter Billigkeitsgesichtspunkten hier stärker als im gesetzlichen Güterstand der Zugewinngemeinschaft. Verfolgen Eheleute sogar einen über die Verwirklichung der ehelichen Lebensgemeinschaft hinausreichenden Zweck, insb. den Aufbau eines Unternehmens, eines Immobilienvermögens oder ähnliches, kommt darüber hinaus die Annahme einer Ehegatteninnengesellschaft in Betracht[60]. Die Auseinandersetzung erfolgt wie beim Ausscheiden eines Gesellschafters nach §§ 736 ff. BGB. Im Zweifel erhält jeder Gesellschafter (vorliegend: jeder Ehegatte) ohne Rücksicht auf Art und Größe seines Beitrags einen gleich hohen Anteil. Mit dem Institut der Annahme der Voraussetzungen einer Ehegatteninnengesellschaft werden letztlich die Folgen einer Gütertrennung korrigiert[61].

---

[55] *Kanzleiter*, in: MüKo-BGB, vor § 1414 Rn. 4.
[56] *Jaeger*, in: Johannsen/Henrich, § 1414 Rn. 3.
[57] Eingehend *Wever*, Vermögensauseinandersetzung, Rn. 146 ff.
[58] Eingehend *Lieb*, S. 124 ff.
[59] Eingehend *Dauner-Lieb* FuR 2009, 361, 364.
[60] Grundlegend BGH NJW 1999, 2962; BGH NJW 2003, 2982; BGH NJW 2006, 1268.
[61] Eingehend zur Vermögensauseinandersetzung außerhalb des Güterrechts (sog. Nebengüterrecht) *Wever*, Vermögensauseinandersetzungen; aus der höchstrichterlichen Rechtsprechung insb. BGH NJW 1999, 2962; BGH FamRZ 1997, 933; BGHZ 127, 50, 52; BGHZ 84, 361, 365; BGH FamRZ 1990, 855, 856.

Wenngleich sich die Gütertrennung den Bedürfnissen der Ehegatten besser anpassen lässt, dürfte der gesetzliche Güterstand für die Mehrzahl der Ehen aufgrund der zwingenden Beteiligung am Zugewinn interessengerecht sein[62]. Dies gilt insb. in Fällen der Beendigung des Güterstandes durch Tod eines Ehegatten. In Bezug auf die zulässige Modifizierung des gesetzlichen Güterstandes (etwa Ausschluss des Zugewinnausgleichs nur bei Beendigung der Ehe durch Scheidung und/oder Aufhebung der Verfügungsbeschränkungen etc.) lassen sich die unerwünschten Folgen der Gütertrennung bei Beendigung der Ehe durch den Tod eines Ehegatten (Erhöhung der Pflichtteilsansprüche der Kinder, kein erbschaftssteuerfreier Zugewinnausgleichsanspruch) vermeiden[63]. Inwiefern die (un-) bewusste Wahl des Güterstands Auswirkungen auf die Frage der Missbräuchlichkeit einer ehevertraglichen Gestaltung haben kann, ist im weiteren Verlauf der Arbeit zu erörtern. Wenn die Ehegatten bei Schließung der Ehe bereits eine bewusste Güterstandswahl getroffen haben indem sie ehevertraglich Gütertrennung vereinbarten, dürften an die Anforderungen für die Gründe einer Änderung des Güterstands strengere Anforderungen zu stellen sein, um der Gefahr eines Missbrauchs zu entgehen.

IV. Gütergemeinschaft

Das Wesen der Gütergemeinschaft (§§ 1415 ff. BGB) besteht darin, dass das in die Ehe eingebrachte und später erworbene Vermögen beider Eheleute zu einem gemeinschaftlichen Vermögen, dem Gesamtgut, zusammengefasst wird. Dieses wird regelmäßig gemeinschaftlich verwaltet, soweit nicht durch Vertrag etwas anderes bestimmt ist. Eine Ausnahme von diesem Grundsatz bilden das Sondergut (§ 1417 BGB) und das Vorbehaltsgut (§ 1418 BGB)[64].

Aus steuerlicher Sicht ist zu beachten, dass der Ehegatte, der das geringere Vermögen in die Gütergemeinschaft einbringt, durch sie eine Bereicherung erfährt, die nach § 7 Abs. 1 Nr. 4 ErbStG schenkungssteuerpflichtig sein kann[65]. Überlebt der Ehegatte, der das größere Vermögen eingebracht hat und wird er zum Erben des anderen, so kann, sofern die Freigrenzen der §§ 16 Abs. 1 Nr. 1,

---

[62] *Kanzleiter*, in: MüKo-BGB, vor § 1414 Rn. 11.
[63] *Kanzleiter*, in: MüKo-BGB, vor § 1414 Rn. 11.
[64] zu Einzelheiten vgl. *Weinreich*, in: PWW Vorbemerkung vor §§ 1415 ff. Rn. 1 ff.
[65] *Richter*, in: Viskorf, ErbStG, § 5 Rn. 48.

17 Abs. 1 ErbStG überschritten sind, der Rückerwerb seines früheren Alleinvermögens der Erbschaftssteuer unterworfen sein[66].

Durch § 7 Abs. 2 Nr. 3 ErbStG 1974 wurde die Bereicherung, die einem Ehegatten durch die Vereinbarung der Gütergemeinschaft zufließt, generell der Erbschaftssteuer unterworfen. Da nach § 3 Nr. 4, 5 GrEStG 1983[67] der Erwerb vom Ehegatten und zur Auseinandersetzung nach der Scheidung generell von der Grunderwerbsteuer ausgenommen wurde, bietet die Gütergemeinschaft auch in dieser Hinsicht keine steuerlichen Vorteile mehr[68].

Aufgrund der negativen steuerlichen Auswirkungen der Gütergemeinschaft stellt dieser Güterstand keine geeignete Grundlage für den doppelten Güterstandswechsel dar, weil das beabsichtigte Ziel (steuerfreie Vermögensübertragung) gerade nicht erreicht werden kann[69].

V. Die Güterstandsschaukel als Gestaltungsinstrument und deren Anwendungsfälle

Aufgrund der Rollenverteilung innerhalb der Ehe kommt es zwischen den Ehegatten regelmäßig zur Bildung unterschiedlich großer Vermögensmassen. Während der den Haushalt führende und Kinder betreuende Ehegatte kaum Vermögen aufbauen kann, bildet der erwerbstätige Ehegatte oftmals erhebliche Rücklagen. Doch auch bei zwei erwerbstätigen Ehegatten kann, aufgrund stark unterschiedlicher Einkommensgefüge, eine erhebliche Differenz in der Vermögensbildung erfolgen. Doch auch bei zufälligen Entwicklungen (etwa dem positiven Verlauf einer Geldanlage in Aktien seitens eines Ehegatten) können sich die Vermögensmassen der Ehegatten stark unterschiedlich entwickeln und es dadurch zu einem deutlichen Vermögensunterschied kommen. Möchte der vermögende Ehegatte nunmehr den anderen Ehegatten an dem aufgebauten Vermögen teilhaben lassen, stellt die Güterstandsschaukel ein opportunes Mittel hierfür dar.

---

[66] vgl. *Klüber*, in: Schröder/Bergschneider, Rn. 4.563 ff.
[67] BGBl. 1983 I S. 1777.
[68] *Mayer*, in: Bamberger/Roth, § 1415 Rn. 6 f.; *Kanzleiter*, in: MüKo-BGB, vor § 1415 Rn. 19.
[69] Aufgrund der komplizierten Rechtslage und der weitgehenden Haftung beider Ehegatten spielt dieser Güterstand auch außerhalb der Gestaltung der Güterstandsschaukel eine untergeordnete Rolle. Zwar kann dies nicht anhand von Eintragungen im Güterrechtsregister belegt werden, da in immer weniger Fällen Eintragungen im Register vorgenommen werden; vgl. aber Kanzleiter, in: MüKo-BGB, vor § 1415 Rn. 21 der ebenfalls die Einschätzung teilt, dass der Güterstand der Gütergemeinschaft in der Praxis (mit Ausnahme von „landwirtschaftlich geprägten Ehen") faktisch ohne Bedeutung ist.

Während Fortbestehens der Ehe wird hierbei ehevertraglich der Güterstand der Zugewinngemeinschaft beendet. Die Ehegatten wechseln durch die Urkunde in den Güterstand der Gütertrennung. Die sich aus § 1378 BGB ergebende Ausgleichsforderung wird genutzt um Vermögen auf den ausgleichsberechtigten (den Haushalt führenden) Ehegatten zu übertragen. Damit die Ehegatten auch in der Folgezeit weiterhin am Zugewinn des jeweils anderen Ehegatten partizipieren können, erfolgt ein erneuter Wechsel zurück in den Güterstand der Zugewinngemeinschaft, sodass es sich bei der Gütertrennung lediglich um einen vorübergehenden Güterstand für die Ehegatten handelt.

Ebenfalls denkbar ist, dass ein Ehegatte bereits bei Eingehung der Ehe unternehmerisch tätig ist. Der wirtschaftliche Erfolg seines Unternehmens lässt sich nicht vorhersagen. Da sich die Vermögensverhältnisse des nicht unternehmerisch tätigen Ehegatten „geordnet" und voraussichtlich „kalkulierbar" mehren werden, vereinbaren die Ehegatten Gütertrennung. Hierdurch möchten sie verhindern, dass der nicht unternehmerisch tätige Ehegatte im Falle einer Ehescheidung den unternehmerischen Misserfolg des unternehmerisch tätigen Ehegatten durch eine Zugewinnausgleichsverpflichtung mitfinanzieren müsste. Wenn sich nach einigen Jahren aber herausstellt, dass das Unternehmen erfolgreich ist und sich damit das Vermögen des unternehmerisch tätigen Ehegatten konstant mehrt, vereinbaren die Ehegatten (rückwirkend) Zugewinngemeinschaft und beenden diese sodann wieder. Auch in diesen Fällen wird der Zugewinnausgleichsanspruch fällig und die Vermögensverhältnisse der Ehegatten lassen sich so angleichen.

Die Konstellationen, in denen ein doppelter Güterstandswechsel durchgeführt werden kann, sind vielfältig. Doch auch in ungewöhnlichen Situationen[70], die sich nicht einem fest Schema zuordnen lassen, kann die Güterstandsschaukel ein geeignetes Mittel sein, um ungewollte Vermögensdiskrepanzen zwischen den Ehegatten zu beseitigen: Beide Ehegatten sind berufstätig. Der Ehemann ist in leitender Funktion angestellt, er bezieht ein sehr hohes Einkommen und hat über die Jahre neben Immobilien- auch Aktienvermögen aufgebaut. Die Ehefrau war als Apothekerin selbstständig. Auch sie verdiente gut. Dennoch erwarb sie weder Immobilienvermögen, noch kaufte sie Aktien oder ähnliches. Ihr Einkommen wurde im Wesentlichen auf den Lebensunterhalt verwendet. Auch um Krankenkassenbeiträge zu sparen (die Ehefrau war gesetzlich, der Ehemann privat versichert)

---

[70] Der beschriebene Fall hat sich tatsächlich so ereignet; die Güterstandsschaukel wurde im August 2015 beurkundet.

entschieden sich die Ehegatten, möglichst sämtliches Vermögen beim Ehegatten zu generieren. Insbesondere sollten auf Seiten der Ehefrau keine Einkünfte aus Vermietung und Verpachtung bzw. Kapitalvermögen entstehen, die den Krankenkassenbeitrag hätten steigen lassen. Erst spät fiel ihnen dann auf, dass im Falle des Erstversterbens des Ehemannes erhebliche Erbschaftsteuerbelastungen auf die Ehefrau zukämen. Durch den Wechsel in die Gütertrennung ergaben sich nahezu ausgeglichene Vermögensverhältnisse.

Die zivil- und steuerrechtlichen Wirkweisen dieser Gestaltung sollen im Folgenden dargestellt, ihre Zulässigkeit untersucht und die Grenzen einer zulässigen Gestaltung aufgezeigt werden. Insbesondere soll hierbei untersucht werden, ob und bejahendenfalls wann die Ausübung der Güterstandsschaukel rechtsmissbräuchlich ist.

C. Zivil- und steuerrechtliche Aspekte der Zulässigkeit der Güterstandsschaukel

Eheverträge können vor der Ehe und zu jedem Zeitpunkt während der Ehe abgeschlossen werden (Arg.: aus § 1408 Abs. 1 BGB: „insbesondere auch nach Eingehung der Ehe" und von § 2276 Abs. 2 BGB vorausgesetzt)[71]. Die Ehevertragsfreiheit erfährt als notwendiges Korrelat der gesetzlich vorgegebenen Scheidungsfolgen[72] neben den einfachgesetzlichen Normen auch verfassungsrechtlichen Schutz durch Art. 6 Abs. 1 GG[73].

Wenn Eheverträge grds. zu jedem Zeitpunkt möglich sind, hat dies auch für einen Wechsel von einem Güterstand zum anderen zu gelten. Mit Eheschließung oder Vereinbarung eines bestimmten Güterstandes geht keine Unwandelbarkeit des Güterstandes einher[74]. Einschränkungen der Wandelbarkeit wie sie ausländische Rechtsordnungen (etwa die französische) kennen, wonach der einmal gewählte Güterstand durch gerichtliche Genehmigungserfordernisse und / oder Wartefristen eingeschränkt wird[75], kennt das BGB nicht. Der Wechsel des Güterstandes ist damit auch mehrfach möglich[76]. Ehegatten können auch während bestehender Ehe den Güterstand nahezu beliebig modifizieren und ändern[77].

Damit sind Güterstandswechsel auch während der Ehe „in jede Richtung" denkbar:

- von der Zugewinngemeinschaft in die Gütertrennung
- von der Zugewinngemeinschaft in die Gütergemeinschaft
- von der zunächst vereinbarten Gütertrennung in die Zugewinngemeinschaft
- von der zunächst vereinbarten Gütergemeinschaft in die Zugewinngemeinschaft

---

[71] zu Einzelheiten vgl. *Schwab*, Familienrecht, Rn. 221 ff.; *Friederici*, in: NK-BGB, § 1408 Rn. 1 ff. sowie BGH NJW 2004, 930.

[72] Durch die den Ehegatten gewährte güterrechtliche Ehevertragsfreiheit erhalten sie die Möglichkeit, die gesetzliche Typisierung in den für sie als unbillig oder unbefriedigend empfundenen Teilungsbereichen (etwa der hälftige Zugewinnausgleich) für sich anzupassen, vgl. BGH FamRZ 2004, 601, 605; BGH NJW 2013, 457 Rn. 20; vgl. insgesamt *Stresow*, S. 143.

[73] BVerfG FamRZ 1993, 161, 164; *Münch* FamRZ 2014, 805, 806.

[74] Langenfeld/*Milzer*, Rn. 430.

[75] *Schaal* ZNotP 2010, 162, 165; *Süß* ZErb 2010, 281, 282.

[76] *Koch*, in: MüKo-BGB, § 1363 Rn. 4; *Hüttemann* DB 1999, 248, 249; *Schotten* NJW 1990, 2841, 2846.

[77] *Langenfeld*, in: Münchener Vertragshandbuch, Nr. 14 Rn. 1.

- von der vereinbarten Gütergemeinschaft in die Gütertrennung
- von der zunächst vereinbarten Gütertrennung in die Gütergemeinschaft[78].

Die Güterstandsschaukel stellt somit zivilrechtlich ein opportunes Mittel dar, um Vermögen von einem auf den anderen Ehegatten zu übertragen.

Güterstandswechsel sind abzugrenzen von bloßen Ausgestaltungen des Güterstandes. Insbesondere im gesetzlichen Güterstand der Zugewinngemeinschaft sind zahlreiche Modifikationen zulässig und in der notariellen Praxis von großer praktischer Bedeutung ohne dass damit ein Wechsel des Güterstandes eintritt[79]. Im Hinblick auf den Zugewinnausgleich sind insbesondere folgende ehevertragliche Vereinbarungen bedeutsam[80]:

- Der Zugewinnausgleich insgesamt kann bedingt oder befristet vereinbart werden. Er kann etwa nur für Zeiten der kindbedingten Berufsaufgabe vereinbart werden[81].
- Vorehelicher Vermögenserwerb kann in den Zugewinnausgleich einbezogen werden[82].

---

[78] So auch Langenfeld/*Milzer*, Rn. 431.
[79] Langenfeld/*Milzer*, Rn. 256; *Mayer*, in: Bamberger/Roth, § 1408 Rn. 59.
[80] Modifikationen sind auch in den übrigen Güterständen grds. zulässig. Dies gilt etwa bei der Gütergemeinschaft. Hier kann beispielsweise vereinbart werden, dass die Verwaltung einem Ehegatten allein übertragen wird. Weiterhin denkbar ist bei der Gütergemeinschaft eine Modifizierung dadurch, dass durch Bildung von Vorbehaltsgut ein Element der Gütertrennung in die Gütergemeinschaft eingebracht wird. Der jeweilige Ehegatte verwaltet sein Vorbehaltsgut selbstständig und für eigene Rechnung (§ 1418 BGB). Unbeschadet etwaiger Ausgleichsansprüche nach §§ 1545, 1467 BGB verbleibt ihm das Vorbehaltsgut bei Scheidung ungeschmälert. Bei Auflösung der Ehe durch Tod eines Ehegatten erhöht sich der Erbteil des anderen Ehegatten weder nach § 1371 Abs. 1 BGB noch nach § 1931 Abs. 4 BGB. Insoweit geht eine durch Verlagerung des wesentlichen Vermögens in das Vorbehaltsgut erreichte faktische Gütertrennung noch über die erbrechtlichen Wirkungen des Wahlgüterstands der Gütertrennung hinaus. Modifikationen sind auch denkbar bei der Gütertrennung solange nicht die Struktur dieses Güterstandes tangiert wird, etwa durch Übernahme wesentlicher Inhalte des gesetzlichen Güterstandes der Zugewinngemeinschaft (OLG Schleswig FamRZ 1995, 1586, 1587). Der Güterstand der Gütertrennung lässt wegen der ihn charakterisierenden Besonderheiten keine weiteren güterrechtlichen Vereinbarungen zu (*Weinreich*, in: FAKomm-FamR, § 1414 Rn. 9).
[81] *Grziwotz*, in: Beck'sches Notarhandbuch, B. I. Rn. 7
[82] *Thiele*, in: Staudinger, § 1374 Rn. 49; *Koch*, in: MüKo-BGB, § 1374 Rn. 3.

- Beim Übergang von der Gütertrennung zur Zugewinngemeinschaft kann der Zugewinnausgleich rückwirkend vereinbart werden. Welche (steuerlichen) Folgen eine rückwirkende Vereinbarung der Zugewinngemeinschaft hat, ist im weiteren Verlauf der Arbeit zu untersuchen.
- Die Höhe des Anfangsvermögens, § 1374 BGB, oder des Endvermögens, § 1375 BGB, kann in einem Geldbetrag festgelegt werden[83].
- Die Ehegatten können die Höhe der Zugewinnausgleichsforderung begrenzen, einen Pauschalbetrag zur Abgeltung vereinbaren oder die Übertragung eines Gegenstands (etwa einer Immobilie) an Erfüllung statt vereinbaren[84].
- Einzelne Vermögensgegenstände, Vermögensmassen oder Erträge können gegenständlich aus dem Zugewinnausgleich ausgenommen werden[85], was insbesondere dann entscheidende Bedeutung erlangt, wenn Betriebsvermögen dem Zugewinnausgleich entzogen wird um die Existenz eines Unternehmens im Falle der Scheidung nicht zu gefährden[86].
- Es können Vereinbarungen zur Bewertung einzelner Vermögensgegenstände oder Vermögensmassen, etwa eines Unternehmens, getroffen werden um im Falle des Zugewinnausgleichs eine umfassende und kostenintensive Unternehmensbewertung zu vermeiden.
- Die Zugewinnausgleichsquote des § 1378 Abs. 1 BGB kann ermäßigt oder erhöht werden[87], wobei die steuerlichen Folgen einer derartigen Vereinbarung zu beachten sind.
- Der Zugewinnausgleich kann nur für einen Ehegatten ausgeschlossen oder beschränkt werden, für den anderen Ehegatten aber unberührt bleiben.
- Beim Zugewinnausgleich nach der güterrechtlichen Lösung des § 1371 Abs. 2 BGB sind dieselben Modifikationen zulässig wie beim Zugewinnausgleich bei Scheidung.
- Es kann ein periodischer Zugewinnausgleich vereinbart werden[88].

---

[83] BGH NJW 1997, 2339; a.A. *Maßfeller* DB 1957, 738, der eine Erhöhung des Anfangs- oder Endvermögens für unzulässig hält.
[84] *Koch*, in: MüKo-BGB, § 1378 Rn. 37; *Voss* DB 1998, 1084, 1086. Die steuerlichen Folgen einer Übertragung eines Vermögensgegenstandes an Erfüllung statt sind besonders zu beachten. Vgl. hierzu sub. 0. II. 4.
[85] BGH NJW 1997, 2339, 2341; BGHZ 89, 137, 140 f.
[86] Vgl. hierzu grundlegend die Gestaltungshinweise bei *Langenfeld/Milzer*, Rn. 440 ff. *Münch*, Ehebezogene Rechtsgeschäfte, Rn. 1160 ff.
[87] BGHZ 86, 143, 151; *Koch*, in: MüKo-BGB, § 1378 Rn. 37.
[88] *Knur* DNotZ 1957, 451, 464; zu beachten sind allerdings die steuerlichen Folgen eines periodischen und damit „fliegenden" Zugewinnausgleichs, vgl. hierzu Teil 1 sub. 0. III.

- Es können Zahlungsmodalitäten vereinbart werden.
- Der Zugewinnausgleich kann für den Scheidungsfall ausgeschlossen werden[89].
- Der Zugewinnausgleich unter Lebenden kann ausgeschlossen werden, während er für den Todesfall bestehen bleibt.

Die Modifikationen müssen sich jedoch stets im System des gesetzlichen Güterstandes halten. Unzulässig sind und nicht bloße Modifikationen stellen Vereinbarungen dar, die sich nicht mehr in den Strukturen des Zugewinnausgleichs bewegen und ein völlig anderes Ausgleichssystem beinhalten, etwa Erhöhung des Zusatzviertels bei der erbrechtlichen Lösung nach § 1371 Abs. 1 BGB oder Ausschluss der drittschützenden Vorschrift des § 1378 Abs. 2 BGB[90].

I. Zivilrechtliche Wirkungen des Güterstandswechsels

Ein neuer Güterstand kann mit konstituierender Wirkung nur für die Zukunft vereinbart werden. So kann etwa die Entstehung von Gesamtgut nicht rückdatiert werden (§ 1416 BGB). Die Verfügungsbeschränkungen der §§ 1365, 1369 BGB gelten erst ab Eintritt des neuen Güterstandes. Der Zugewinnausgleich findet erst ab Eintritt des gesetzlichen Güterstandes statt.

Die Wirkungen des neuen Güterstandes können ehevertraglich lediglich dann auf einen früheren Zeitpunkt rückbezogen werden, wenn sie rein schuldrechtlichen Charakter haben[91]. Für die Berechnung des Zugewinnausgleichs kann damit abweichend von § 1374 Abs. 1 Hs. 1 BGB vereinbart werden, dass nicht der Zeitpunkt des Eintritts des Güterstandes für die Zugewinnausgleichsberechnung maßgeblich sein soll, sondern ein anderer, ggf. auch früherer, Zeitpunkt[92]. Aufgrund dieser Möglichkeit steht es den Ehegatten auch bei zu Beginn der Eingehung der Ehe vereinbarter Gütertrennung frei, nunmehr in die Zugewinngemeinschaft zu wechseln und für die Berechnung des Zugewinnausgleichs als maßgeblichen Zeitpunkt zur Berechnung des Anfangsvermögens den Zeitpunkt der Eingehung der

---

[89] Vorteil dieser Regelung gegenüber der Vereinbarung von Gütertrennung ist, dass im Falle der Beendigung des Güterstands durch Tod eines Ehegatten die Erbteilerhöhung des überlebenden Ehegatten um ein Viertel nach § 1371 Abs. 1 BGB bestehen bleibt.
[90] Vgl. *Mayer*, in: Bamberger/Roth § 1408 Rn. 14.
[91] Langenfeld/*Milzer*, Rn. 435.
[92] Zu weiteren Einzelheiten vgl. Langenfeld/*Milzer*, Rn. 435; *Thiele*, in: Staudinger, § 1374 Rn. 49.

Ehe zu bestimmen. Damit unterfällt sämtlicher in der Ehe erwirtschaftete Zugewinn dem Zugewinnausgleich wenn die Ehegatten den Güterstand der Zugewinngemeinschaft in der Folge wieder beenden.

Mit Wechsel des Güterstandes treten ab diesem Zeitpunkt die jeweiligen Folgen des neuen Güterstandes ein (Verfügungsbeschränkungen, Gemeingut etc.)[93].

Vereinbaren Ehegatten ehevertraglich, den bisherigen gesetzlichen Güterstand zu beenden, entsteht kraft Gesetzes die sich aus § 1378 BGB ergebene Zugewinnausgleichsforderung. Dies ermöglicht es dem Ehegatten, der Zugewinn erwirtschaftet hat, steuerfrei Vermögen auf den anderen Ehegatten zu übertragen.

Die Tatsache, dass der Wechsel in und aus dem Güterstand der Zugewinngemeinschaft ehevertraglich auch mehrfach möglich ist, eröffnet Ehegatten die Möglichkeit, die Vorteile der Zugewinngemeinschaft nicht nur für die Vergangenheit zu nutzen. Die Ehegatten können vielmehr zurück in die Zugewinngemeinschaft wechseln, um in der Zukunft weiterhin am erwirtschafteten Zugewinn des jeweils anderen Ehegatten zu partizipieren. Darüber hinaus gewährt die schnelle Rückkehr der Ehegatten in den gesetzlichen Güterstand der Zugewinngemeinschaft Sicherheit im Hinblick auf einen etwaigen Todesfall des anderen Ehegatten. Im Güterstand der Zugewinngemeinschaft wird der Erbteil des überlebenden Ehegatten pauschal um ein Viertel erhöht (§ 1371 Abs. 1, 1. Hs. BGB)[94].

Dies führt zur „Quadratur des Kreises"[95] bzw. zu dem Paradoxon, dass einerseits zunächst die Beendigung des Güterstands der Zugewinngemeinschaft erforderlich ist. Andererseits ist die Rückkehr in diesen Güterstand so schnell wie möglich gewünscht um einen erneuten schenkungssteuerfreien Ausgleich des dann erwirtschafteten Zugewinns erreichen zu können, bzw. für den Fall des Versterbens eines Ehegatten im Todesfall von den Vorteilen des Güterstands der Zugewinngemeinschaft („Zusatzviertel") profitieren zu können.

---

[93] Vgl. zu den Wirkungen der Güterstände des BGB Teil 1sub. 0.
[94] Siehe hierzu Teil 1 sub. 0.I.2.
[95] *Schlünder/Geißler* NJW 2007, 482, 482 f.

Diese erneute Rückkehr zur Zugewinngemeinschaft wurde im Anschluss an die Entscheidung des FG Köln[96] sowie des BFH[97] aufgegriffen und ist im Rahmen Publikationen[98] und Formularbüchern[99] allgemein anerkannt.

Um einen „wirkungsvollen" Güterstandswechsel zu vollziehen, bei dem möglichst viel Zugewinn zwischen den Eheleuten ausgeglichen wird, ergeben sich damit folgende Möglichkeiten:

Leben die Eheleute seit Eingehung der Ehe im Güterstand der Zugewinngemeinschaft, ist es unerheblich, in welchen Güterstand sie wechseln, da in jedem Fall der Güterstand der Zugewinngemeinschaft beendet wird. Allerdings ist zu beachten, dass, wechseln die Eheleute in den Güterstand der Gütergemeinschaft, dies mit für sie negativen steuerlichen Folgen behaftet sein kann[100]. Ein derartiger Wechsel ist daher regelmäßig nicht empfehlenswert.

Leben die Ehegatten seit Eingehung der Ehe in einem anderen Güterstand als der Zugewinngemeinschaft, ist der Wechsel in den gesetzlichen Güterstand erforderlich. Hierbei müssten sie zum Zeitpunkt der ehevertraglichen Vereinbarung für die Berechnung des Zugewinnausgleichsanspruchs einen früheren Zeitpunkt wählen, da der andere Ehegatte andernfalls nicht an dem während der Ehe erwirtschafteten Vermögen partizipieren würde. Zivilrechtlich ist die rückwirkende Vereinbarung der Zugewinngemeinschaft – wenngleich es sich technisch lediglich um eine Festlegung des Anfangsvermögens auf den Zeitpunkt der Eheschließung handelt[101] – ohne weiteres möglich[102].

---

[96] DStRE 2002, 1248.
[97] NJW 2005, 3663 = ZEV 2005, 490.
[98] Vgl. auch *Münch* StB 2003, 130; *Geck* ZErb 2004, 21; *Schlünder/Geißler* FamRZ 2005, 149; Schlünder/Geißler NJW 2007, 482; *Brambring* ZEV 1996, 248, 252 ff.
[99] *Brambring*, in: MAH-Familienrecht, § 23 Rn. 55; *Münch*, in: Beck'sches Formularbuch FamR, Form H. I. 3.
[100] Vgl. hierzu Teil 1 sub. O.IV.
[101] *Münch*, Ehebezogene Rechtsgeschäfte, Rn. 260.
[102] *Wälzholz* FamRB 2006, 27, 30; steuerlich ist die Behandlung einer rückwirkenden Vereinbarung der Zugewinngemeinschaft umstritten: Nach Auffassung der Finanzverwaltung (R E 5.2 Abs. 2 S. 2 ErbStR 2011) ist die rückwirkende Vereinbarung des Güterstands der Zugewinngemeinschaft nicht wirksam möglich und fällt nicht unter das Privileg des § 5 Abs. 2 ErbStG. Das Fehlen einer § 5 Abs. 1 S. 4 ErbStG entsprechenden Regelung spricht allerdings dafür, dass auch eine rückwirkende Vereinbarung des Güterstands der Zugewinngemeinschaft wirksam möglich sein muss. Der Gesetzgeber hat bewusst darauf verzichtet, eine entsprechende Regelung in Abs. 2 der Norm aufzunehmen (*Richter*, in: Viskorf, ErbStG § 5 Rn. 47). Damit ist auch steuerrechtlich eine rückwirkende Vereinbarung der Ehegatten anzuerkennen (BFH NJW 2005, 3663, 3664; FG

II. Steuerliche Wirkungen des Güterstandswechsels

Im Rahmen der steuerlichen Behandlung bestehen zwischen den Güterständen (erhebliche) Unterschiede.

Leben die Ehegatten seit Eingehung der Ehe im Güterstand der Zugewinngemeinschaft, kommt grds. ein Wechsel in den Güterstand der Gütertrennung oder in den der Gütergemeinschaft in Betracht. Aufgrund der negativen Folgen des Wechsels in die Gütergemeinschaft[103] ist ein Wechsel in diesen Güterstand allerdings wenig sinnvoll. Als sinnvolle Alternative verbleibt der Wechsel in die Gütertrennung mit anschließender Rückkehr in die Zugewinngemeinschaft. Ein Verbleiben im Güterstand der Gütertrennung birgt das Risiko für die Ehegatten, dass beim Tod eines Ehegatten der andere nicht mehr in den Genuss des erbrechtlichen Zusatzviertels nach § 1371 Abs. 1 S. 1 BGB kommt. Im Übrigen partizipiert der andere Ehegatte auch nicht am weiterhin erwirtschafteten Zugewinn des anderen Ehegatten. Aufgrund dieser Wirkungen wird der möglichst baldige Wechsel zurück in den Güterstand der Zugewinngemeinschaft empfohlen[104].

Haben die Ehegatten bei Eingehung der Ehe ehevertraglich den Güterstand der Gütertrennung vereinbart, kommt ein Wechsel in die Zugewinngemeinschaft und sodann erneut in die Gütertrennung in Betracht. Hierfür können die Ehegatten eine Vereinbarung über das Anfangsvermögen treffen[105] und etwa bestimmen, dass als Anfangsvermögen dasjenige Vermögen gelten soll, das bei Eingehung der Ehe vorhanden gewesen ist. Ein Wechsel Gütertrennung – Zugewinngemeinschaft – Gütertrennung erscheint insbesondere in Ehen sinnvoll, an der ältere Ehegatten beteiligt sind. Hat sich im Verlauf der Ehe herausgestellt, dass die „Gefahr" der Ehescheidung gebannt ist[106], erweist sich der Güterstand der Zugewinngemeinschaft als zweckmäßig und damit die Beteiligung des weniger begüterten Ehegatten am erwirtschafteten Zugewinn als erwünschte Folge.

Der rechtlich grds. zulässige Wechsel des Güterstandes kann für Eheleute unterschiedliche, teils vorteilhafte teils nachteilhafte, Auswirkungen haben. Zu prüfen

---

Düsseldorf DStRE 2006, 1470; vgl. auch *Milatz/Herbst* DStR 2011, 706, 708), sodass auch in derartigen Fällen die Zugewinnausgleichsforderung vom Privileg des § 5 Abs. 2 ErbStG erfasst wird.
[103] Vgl. Teil 1 sub. 0.IV.
[104] Vgl. etwa *Langenfeld* NJW 2011, 966, 969; *Wegmann* ZEV 1996, 201, 206; *Pluskat/ Pluskat* ZFE 2006, 124, 126.
[105] *Koch*, in: MüKo-BGB, § 1408 Rn. 14.
[106] *Münch*, Ehebezogene Rechtsgeschäfte Rn. 1109.

ist stets, aus welchem Güterstand die Ehegatten wechseln und in welchen Güterstand sie eintreten.

1. Ehegüterrecht und ErbStG

Im Rahmen der Besteuerung von Vermögensübertragungen zwischen Ehegatten sind maßgeblich die Vorschriften des ErbStG[107] als Gesetz zur Besteuerung des Vermögensanfalls zu berücksichtigen. Es erfasst substanzielle Vermögensbewegungen, die mit einem Wechsel der personellen Vermögenszuständigkeit verbunden sind[108], wobei zwischen Erwerb von Todes wegen (Erbschaftssteuer), Vermögensübertragungen zwischen Lebenden (Schenkungssteuer) und der periodischen Besteuerung von Stiftungen (Erbersatzsteuer) unterschieden wird[109]. Die Schenkungsteuer dient lediglich der Vermeidung des „Ausweichens" vor der Erbschaftsteuer. Der Anfall der Erbschaftsteuer soll nicht dadurch umgangen werden können, dass das vorhandene Vermögen bereits unter Lebenden auf den oder die Erben übertragen wird[110]. Damit ist das ErbStG auch in Fällen der Vermögensübertragung zwischen Ehegatten zur Erfüllung des Zugewinnausgleichsanspruchs grds. einschlägig.

Aufgrund der Tatsache, dass das Erbschaftssteuergesetz sich eng an zivilrechtlichen Vorgängen orientiert (Erbschaft, Schenkungen), besteht naturgemäß eine enge Verknüpfung des ErbStG mit dem Zivilrecht. Insofern kann von einem bürgerlich-rechtlich geprägten Erbschaftsteuerrecht gesprochen werden[111]. Es besteht allerdings keine grundsätzliche Prävalenz des Zivilrechts über Fragen der Auslegung auf dem Gebiet des ErbStG[112]. Sofern das ErbStG allerdings auf Normen des BGB verweist (vgl. etwa die Verweisungen des § 3 Abs. 1 Nr. 1 ErbStG in das Erbrecht), sind auch die zivilrechtlichen Begriffe und Deutungen im Rahmen der Auslegung des ErbStG maßgeblich[113]. Lehnt sich das ErbStG lediglich an zivilrechtlich geregelte Tatbestände an und verwendet deren Begriffe, grenzt sich allerdings dennoch von diesem ab (z.B. § 7 Abs. 1 ErbStG im Rahmen der

---

[107] Zuletzt geändert durch das „Gesetz zur Umsetzung der Amtshilferichtlinie sowie zur Änderung steuerlicher Vorschriften" vom 26.06.2013 (BGBl. 2013 I S. 1809, 1842).
[108] *Gebel*, in: Troll/Gebel/Jülicher, ErbStG, Einführung Rn. 1.
[109] *Viskorf*, in: Viskorf ErbStG, Einführung Rn. 1.
[110] Amtliche Begründung zum ErbStG 1906, RT-Drs. Nr. 10 Anl. 5, 1905/06, 1060; BVerfG BStBl. 1983 II, 779, 783.
[111] BFH BStBl. 1987 II, 175; *Viskorf*, in: Viskorf ErbStG, Einführung Rn. 36.
[112] BVerfG BStBl. II 1992, 212; BFH/NV 1994, 373, 376.
[113] *Gebel*, in: Troll/Gebel/Jülicher, ErbStG, Einführung Rn. 29.

freigebigen Zuwendung), ist eine eigenständige Interpretation des Begriffs möglich, die auch von der zivilrechtlichen Deutung divergieren kann[114]. Macht sich das ErbStG zivilrechtliche Institute zu eigen (etwa auch in § 5 ErbStG), können die Tatbestandsmerkmale nicht ohne weiteres abweichend vom Zivilrecht interpretiert werden[115]. Obwohl beide Rechtsgebiete damit grds. eigenständig sind, sind sie eng miteinander verknüpft.

2. Allgemeine steuerliche Auswirkungen der Güterstände

Nach § 1416 Abs. 1 S. 1 BGB werden durch Begründung der Gütergemeinschaft das Vermögen des Ehemannes und dasjenige der Ehefrau gemeinschaftliches Vermögen (Gesamtgut), es sei denn, die Gegenstände sind als Sondergut oder durch Ehevertrag als Vorbehaltsgut vom Gesamtgut ausgeschlossen. § 7 Abs. 1 Nr. 4 ErbStG knüpft hieran einen steuerpflichtigen Vorgang als Schenkung unter Lebenden[116].

Die objektive Bereicherung allein durch die Begründung der Gütergemeinschaft reicht aus um den Steuertatbestand entstehen zu lassen. § 7 Abs. 1 Nr. 4 ErbStG regelt, dass die Bereicherung des ausgleichsberechtigten Ehegatten als Schenkung zu behandeln ist und damit der Besteuerung unterliegt. Es besteht kein Gleichlauf zwischen Zivil- und Steuerrecht, da die Vereinbarung der Gütergemeinschaft zivilrechtlich keine Schenkung im Sinne des § 516 BGB darstellt[117]. Die Eheleute brauchen sich des unentgeltlichen Vorgangs nicht bewusst zu sein[118].

§ 1 Abs. 1 Nr. 2 ErbStG bestimmt, dass auch Schenkungen unter Lebenden der Besteuerung nach dem Erbschaftsteuergesetz unterliegen. Zu prüfen ist damit bei ehevertraglichen Gestaltungen insbesondere, ob eine freigebige Zuwendung nach § 7 Abs. 1 Nr. 1 ErbStG vorliegt oder der auf dem Güterstandswechsel beruhende Vermögenserwerb unter ein Privileg zu subsumieren ist.

Im Güterstand der Zugewinngemeinschaft bleibt jeder Ehegatte Alleineigentümer seines Vermögens. Mit Begründung dieses Güterstandes tritt keine Vermögensverschiebung zwischen den Eheleuten ein. Der Vorgang ist steuerlich nicht relevant.

---

[114] *Gebel*, in: Troll/Gebel/Jülicher, ErbStG, Einführung Rn. 31.
[115] *Weinmann*, in: Moench/Weinmann, Einführung Rn. 74.
[116] *Schlünder/Geißler* FamRZ 2005, 149, 154; FG Münster EFG 1993, 587.
[117] Langenfeld/*Milzer*, Rn. 441.
[118] *Moench* DStR 1989, 299, 300; *Schlünder/Geißler* FamRZ 2005, 149, 154.

Wird die Zugewinngemeinschaft durch Tod eines Ehegatten beendet und ist der überlebende Ehegatte (Mit-) Erbe oder Vermächtnisnehmer, erfolgt der Ausgleich in der Weise, dass sich das gesetzliche Viertel nach § 1931 Abs. 1 BGB um ein weiteres Viertel des Nachlasses erhöht (§ 1371 Abs. 1 Hs. 1 BGB). Dabei ist unerheblich, ob im Einzelfall überhaupt ein Zugewinn erzielt wurde (§ 1371 Abs. 1, 2. Hs. BGB). Es handelt sich damit um einen pauschalierten Zugewinnausgleich[119], der entgegen der Fälle des Zugewinnausgleichs unter Lebenden gerade nicht konkret berechnet wird.

Ist der überlebende Ehegatte hingegen weder (Mit-) Erbe noch Vermächtnisnehmer, erfolgt die güterrechtliche Lösung. Nach § 1371 Abs. 2 BGB wird der Zugewinn nach den Vorschriften der §§ 1373 ff. BGB als schuldrechtliche Ausgleichsforderung berechnet. Daneben steht dem überlebenden Ehegatten der sogenannte kleine Pflichtteil zu, der sich in diesem Fall nach dem nicht erhöhten gesetzlichen Erbteil des Ehegatten ergibt (§ 1371 Abs. 2 BGB)[120].

In dieser Konstellation wird nach § 5 Abs. 1 S. 1 ErbStG nicht das zusätzliche Nachlassviertel von der Erbschaftssteuer freigestellt, sondern derjenige Ausgleichsanspruch, welcher dem überlebenden Ehegatten zustünde, wenn der Zugewinnausgleich im Sinne von § 1378 Abs. 1 BGB berechnet würde, wobei als Stichtag der Tod des erstversterbenden Ehegatten gilt[121]. Von der Erbschaftsbesteuerung freigestellt ist die fiktive Ausgleichsforderung, die nur für die Zwecke der Ermittlung der Erbschaftssteuer ermittelt wird. Derartige Privilegien räumt der Gesetzgeber weder bei der Gütertrennung noch bei der Gütergemeinschaft ein.

3. Steuerliche Auswirkungen des Zugewinnausgleichs nach § 5 Abs. 2 ErbStG

§ 5 Abs. 2 ErbStG betrifft demgegenüber den Fall, dass der Güterstand zu Lebzeiten der Eheleute beendet wird oder dass der überlebende Ehegatte im Fall der Beendigung des Güterstandes durch Tod weder Erbe noch Vermächtnisnehmer des Verstorbenen geworden ist. In dieser Konstellation wird die unterschiedliche

---

[119] *Koch*, in: MüKo-BGB, § 1371 Rn. 11.
[120] *Schlünder/Geißler* FamRZ 2005, 149, 154; *Koch*, in: MüKo-BGB, § 1371 Rn. 49.
[121] *Meincke* ErbStG, § 5 Rn. 15.

Entwicklung der Vermögen der Eheleute während der Ehe durch den Geldanspruch nach § 1378 BGB ausgeglichen[122]. § 5 Abs. 2 ErbStG stellt klar[123], dass der Erwerb des Ausgleichsanspruchs oder der durch den Ausgleichsanspruch vermittelten Geldzahlung die Merkmale eines steuerpflichtigen Erwerbs von Todes wegen oder durch Schenkung unter Lebenden nach §§ 1, 3, 7 ErbStG nicht erfüllt und damit nicht steuerpflichtig ist[124]. Für eine derartige Beendigung der Zugewinngemeinschaft bestimmt § 5 Abs. 2 ErbStG, dass die Zugewinnausgleichsforderung steuerfrei sein soll und gewährt damit der Ausgleichsforderung eine erhebliche Privilegierung[125]. Zuwendungen aufgrund des gesetzlichen Ausgleichsanspruchs, § 1378 BGB, sind damit grds. nicht schenkungsteuerpflichtig. Dies ist die Konsequenz aus der Tatsache, dass Leistungen, die aufgrund eines kraft Gesetzes entstehenden Anspruchs erbracht werden, zu keinem unentgeltlichen Erwerb führen können[126]. Für die Einordnung der „Unentgeltlichkeit" der Zugewinnausgleichforderung ist es unerheblich, ob es am Ende der Ehe oder während der Ehe zum Zugewinnausgleich kommt[127].

Etwas anderes kann sich allerdings ergeben, wenn der Ausgleichspflichtige zur Erfüllung seiner Ausgleichspflicht einen Vermögensgegenstand überträgt, dessen Wert größer ist als die Ausgleichspflicht (wenn etwa eine Immobilie übertragen wird, deren Wert größer ist als der Zugewinnausgleichsbetrag). In derartigen Konstellationen stellt nach einer Ansicht der über die Zugewinnausgleichsforderung hinausgehende Betrag eine freigebige Zuwendung im Sinne des § 7 Abs. 1 Nr. 1 ErbStG dar[128], da kein gesetzlicher Anspruch auf die Übertragung des über die Zugewinnausgleichsforderung hinausgehenden Betrages besteht[129]. Nach anderer Ansicht sind der Gestaltungsfreiheit erst dort Grenzen gezogen, wo einem Ehepartner eine deutlich überhöhte Ausgleichsforderung dergestalt geschaffen wird, dass der Rahmen einer güterrechtlichen Vereinbarung wesentlich überschritten wird[130].

---

[122] Zu Einzelheiten vgl. *Meincke* ErbStG, § 5 Rn. 1.
[123] BFH BStBl. 1993 II, 510, 511; BFH BStBl. 2005 II, 843, 845; BFH BStBl. 2007 II, 785, 787; *Meincke* ErbStG, § 5 Rn. 38; vgl. auch BT-Drs. III/598, 6.
[124] BFH BStBl. 1993 II, 510; BFH BStBl. 2007 II, 785, 787.
[125] *Schlünder/Geißler* NJW 2007, 482, 482.
[126] Grundlegend BFHE 173, 432 = NJW 1994, 2044.
[127] *Hüttemann* DB 1999, 248, 253.
[128] *Kensbock* DStR 2006, 1073, 1074.
[129] vgl. etwa ErbStR 12 II 3 – 6.
[130] BFHE 157, 229; *Fichtelmann* EStB 2003, 102, 104.

§ 5 Abs. 2 ErbStG behandelt ausdrücklich nur den gesetzlichen Ausgleichsanspruch, der bei Beendigung des Güterstandes entsteht. Darüber hinaus kann kraft Vereinbarung auch schon während des bestehenden Güterstands ein Zugewinnausgleich erfolgen. Unter bestimmten Voraussetzungen kann ein solcher vorzeitiger Zugewinnausgleich auch ohne entsprechende Vereinbarung erzwungen werden (vgl. §§ 1385, 1386 BGB). Eine Steuerpflicht für den vereinbarten Zugewinnausgleich könnte sich allenfalls aus § 7 Abs. 1 Nr. 1 ErbStG ergeben. Dann müsste in dem Ausgleich eine freigebige Zuwendung liegen[131]. Der schenkungsteuerliche Begriff der freigebigen Zuwendung ist ein Oberbegriff, der Schenkungen i. S. d. § 516 BGB und andere freigebige Zuwendungen unter Lebenden umfasst. Objektiv ist eine Entreicherung des Zuwendenden und eine Bereicherung des Zuwendungsempfängers erforderlich. Erhält der Zuwendende eine Gegenleistung, ist zu prüfen, ob Leistung und Gegenleistung gleichwertig sind.

Die Zugewinnausgleichsforderung wird jedoch nicht rechtsgeschäftlich zugewandt, sondern entsteht kraft Gesetzes mit Beendigung des Güterstandes (§ 1378 Abs. 3 S. 1 BGB). Der Güterstand der Zugewinngemeinschaft kann auch bei Fortbestand der Ehe beendet und ggf. auch rückwirkend vereinbart werden[132]. Dies ergibt sich insbesondere aus der in § 1408 Abs. 1 BGB statuierten Vertragsfreiheit. Daraus folgt zugleich, dass die Beendigung des gesetzlichen Güterstandes auch während des Bestehens der Ehe zulässig und selbst die anschließende Neubegründung möglich sind[133].

Die bürgerlich-rechtlich zulässige Gestaltungsfreiheit ist nach gefestigter Rechtsprechung des BFH[134] auch vom Schenkungsteuerrecht anzuerkennen, selbst wenn nicht immer ein Gleichlauf zwischen Zivil- und Steuerrecht anzunehmen ist[135].

Demgemäß entsteht auch bei ehevertraglicher Beendigung des gesetzlichen Güterstands grds. keine Schenkungsteuerpflicht.

---

[131] Eingehend zum Terminus der freigebigen Zuwendung *Esskandari/Winter*, in: Lippross ErbStG, § 7 Rn. 6 ff.
[132] BGH NJW 1998, 1857; BFH ZEV 2005, 490.
[133] *Thiele*, in: Staudinger-BGB, § 1408 Rn. 14.
[134] NJW 1994, 343; BFHE 171, 330; BFH ZEV 2005, 490; vgl. auch *Münch*, Anmerkung zu BFH Urteil vom 12.07.2005 – II R 29/02, ZEV 2005, 491, 491 f.
[135] Langenfeld/*Milzer*, Rn. 441.

Die sich aus § 5 Abs. 2 ErbStG ergebende grundsätzliche Schenkungsteuerfreiheit ist auch nicht nur dann anzunehmen, wenn die Beendigung des Güterstands endgültig erfolgt. Abgesehen davon, dass § 5 Abs. 2 ErbStG nach h. M. nur klarstellende Funktion hat[136], mithin eine Steuerpflicht nicht begründen kann, wird lediglich der Wortlaut des § 1372 BGB wiederholt.

Der BFH[137] hat diese Steuerfreiheit auch in Fällen des doppelten Güterstandswechsels („Güterstandsschaukel") grds. gebilligt[138]. Die Güterstandsschaukel ist damit grds. ein geeignetes Instrument zur Neuordnung der güterrechtlichen Verhältnisse zwischen Ehegatten. Die Möglichkeit des „Schaukelns" kann allerdings nicht grenzenlos bestehen. Sie könnte ihre Grenzen sowohl in zivilrechtlicher (vgl. hierzu Teil 2 sub. B), als auch in steuerrechtlicher Hinsicht finden, wenn die Schwelle des Missbrauchs überschritten ist.

Die Güterstandsschaukel wirkt sich für die Ehegatten insbesondere auch dann positiv aus, wenn es ihnen auf die Übertragung von Vermögen auf die Abkömmlinge ankommt. Verfügt lediglich ein Ehegatte über Vermögen, kann auch nur dieser die Freibeträge des § 16 Abs. 1 Nr. 2 ErbStG ausnutzen und 400.000,- € innerhalb eines Zeitraums von zehn Jahren steuerfrei auf die Kinder übertragen. Der Freibetrag des vermögenslosen Ehegatten ginge jedoch stets „verloren". Dieser Effekt des „Verloren-Gehens" von Freibeträgen verstärkt sich, je mehr Abkömmlinge vorhanden sind. Haben die Ehegatten zwei Kinder kann der vermögende Ehegatte binnen eines Zeitraums von zehn Jahren 400.000,- € an jedes Kind übertragen. Zusätzlich kann er in dem gleichen Zeitraum nach § 16 Abs. 1 Nr. 1 ErbStG 500.000,- € steuerfrei an den Ehegatten übertragen. Überträge dieser Ehegatte sodann seinerseits an die Kinder, schöpft er aufgrund der Tatsache, dass er nicht über ausreichendes Vermögen verfügt, seinen Freibetrag nicht voll aus. In diesem Fall könnte er lediglich 250.000,- € auf jedes Kind übertragen. In Höhe von 150.000,- € je Kind bliebe der Freibetrag des § 16 Abs. 1 Nr. 2 ErbStG nicht ausgeschöpft. Die Ehegatten können in diesem Fall (2 * 400.000,- € + 2 * 250.000,- € =) 1.300.000,- € in einem Zeitraum von zehn Jahren steuerfrei an die Kinder

---

[136] BFH BStBl. II 2007, 785, 787; BFH FR 2006, 41, 41; *v. Oertzen/Schienke-Ohletz* FPR 2012, 103, 104; *Gebel*, in: Troll/Gebel/Jülicher ErbStG, § 5 Rn. 6; *Meincke* ErbStG, § 5 Rn. 38.
[137] NJW 2005, 3663.
[138] Eingehend *Schotten* NJW 1990, 2481, 2486; *Wegmann* ZEV 1996, 201, 206; *Brambring* ZEV 1996, 248, 253; *Hayler* DNotZ 2000, 681 ff.

übertragen. Hätten beide Ehegatten ausreichendes Vermögen um jeweils die Freibeträge voll ausschöpfen zu können, läge dieser Betrag bei (2 * 2 * 400.000,- =) 1.600.000,- €. Je mehr Kinder die Ehegatten haben, desto größer ist der Effekt, da der weniger vermögende Ehegatte seinen Schenkungsteuerfreibetrag immer weniger ausschöpfen kann, wenn kein eigenes Vermögen vorhanden ist.

Gerade diese Möglichkeit der Vermögensübertragung auf die nächste Generation dürfte vielfach zumindest einen Teil der Motivation der Ehegatten ausmachen. Inwiefern dies im Hinblick auf ein Umgehungsgeschäft oder eine rechtsmissbräuchliche Gestaltung auch zulässig ist, soll in Teil 2 untersucht werden.

4. Übertragung von Privat- oder Betriebsvermögen zur Erfüllung des Zugewinnausgleichsanspruchs

Die Steuerfreiheit bezieht sich allerdings nur auf den Erwerb seitens des ausgleichsberechtigten Ehegatten. Beim Ausgleichspflichtigen kann die Übertragung dennoch einen steuerbaren Vorgang darstellen. Zu unterscheiden ist, ob im Rahmen der Erfüllung der Zugewinnausgleichsforderung hierfür Privatvermögen oder Betriebsvermögen auf den ausgleichsberechtigten Ehegatten übertragen wird.

In steuerrechtlicher Hinsicht unproblematisch sind Fälle, in denen der Zugewinnausgleichsanspruch durch Zahlung eines Barbetrages erfüllt wird. Der Zugewinnausgleichsanspruch ist ein Anspruch auf Zahlung von Bargeld[139]. Ist allerdings kein ausreichendes Barvermögen vorhanden, kann zwischen den Ehegatten vereinbart werden, dass an Erfüllung statt sonstige Vermögensgegenstände übertragen werden sollen. Eine derartige Leistung an Erfüllung statt wird steuerrechtlich als Veräußerungsgeschäft des Ausgleichspflichtigen behandelt[140]. Handelt es sich bei den übertragenen Wirtschaftsgütern um steuerverstrickte Güter, kann dies einkommensteuerrechtlich zu einem Veräußerungsgewinn führen[141].

Wird zur Erfüllung des Zugewinnausgleichsanspruchs Privatvermögen übertragen, sind insbesondere die Behaltefristen des § 23 Abs. 1 S. 1 Nr. 1 EStG von zehn Jahren bei Grundstücken und Rechten, die den Vorschriften des BGB über Grundstücke unterliegen (z.B. Erbbaurecht) sowie die Haltefrist von einem Jahr bei Wertpapieren (§ 23 Abs. 1 S. 1 Nr. 2 EStG) zu beachten[142].

---

[139] *Weinreich*, in: PWW, § 1378 Rn. 4.
[140] BFH BStBl. 2005 II, 554, 558; *Münch* ZFE 2007, 93, 100; *Kensbock/Menhorn* DStR 2006, 1073; v. *Oertzen/Cornelius* ErbStB 2006, 49, 51.
[141] *Stein* ZEV 2011, 520, 521.
[142] Vgl. zu weiteren Einzelheiten *Kensbock/Menhorn* DStR 2006, 1073, 1074 f.

Verfügt der ausgleichspflichtige Ehegatte allerdings nicht über ausreichendes Privatvermögen, um den Zugewinnausgleichsanspruch erfüllen zu können, ist ein Rückgriff auf die Übertragung von Betriebsvermögen fast unumgänglich. Dies gilt zumindest dann, wenn die Ehegatten die Zugewinnausgleichsforderung nicht stunden möchten. Hierbei können sich allerdings Schwierigkeiten und Risiken ergeben.

Die Übertragung von Betriebsvermögen zur Erfüllung der Zugewinnausgleichsforderung hat zur Folge, dass dies zu (erheblichen) Gewinnrealisierungen führen kann. Entgegen der früher herrschenden Auffassung[143], dass eine Leistung an Erfüllung statt nicht zu einer ertragssteuerlichen Veräußerung führen könne, unterliegen derartige Vorgänge nunmehr doch der Besteuerung[144]. Eine Besteuerung ist insbesondere dann zu beachten, wenn zur Erfüllung der Zugewinnausgleichsforderung abgeltungssteuerpflichtige Wertpapiere, Grundstücke oder Kapitalgesellschaftsanteile übertragen werden. Doch auch bereits im Rahmen der Übertragung von dem Betriebsvermögen zugeordneten PKW bestehen (teils erhebliche) Risiken. Ist dieser etwa bereits vollständig abgeschrieben, da er seine gewöhnliche Nutzungsdauer erreicht hat, kann der PKW dennoch (gerade wenn es sich etwa um einen Oldtimer handelt) über einen erheblichen Sachwert verfügen. Wird dieser Gegenstand, dessen Sachwert den Buchwert (deutlich) übersteigt, aus dem Betriebsvermögen zur Erfüllung der Zugewinnausgleichsforderung auf den Ehegatten übertragen, führt dies zu einer Gewinnrealisierung.

Auch im Rahmen der Übertragung von Betriebsvermögen bestehen vielfach auch steuerliche Behaltefristen. In Betracht kommt etwa im Bereich der Erb- und Schenkungssteuer die fünfjährige Betriebsfortführungsklausel des § 13a Abs. 5 ErbStG, im Bereich der Einkommensteuer § 6 Abs. 3 S. 2 EStG und im Bereich des Umwandlungssteuergesetzes die schädliche Veräußerung im Bereich einer Spaltung erhaltener Geschäftsanteile, § 15 Abs. 3 S. 3 UmwStG[145].

Wenngleich im Einzelfall diese negativen Folgen in Kauf genommen werden könnten, etwa um durch die Übertragung einer Immobilie neues AfA-Potential zu

---

[143] Vgl. nur BFH BStBl. 1981 II, 19, 21; *Tiedtke/Wälzholz* DStZ 2002, 9, 11.
[144] BFH BStBl. 2005 II, 554, 558; OFD Münster Kurzinformation Einkommensteuer Nr. 12/2006 ZEV 2006, 311, *Stein* ZEV 2011, 520, 521; *ders.* DStR 2012, 1063, 1064; *v. Oertzen/Schienke-Ohletz* FPR 2012, 103, 106.
[145] Vgl. *Kensbock/Menhorn* DStR 2006, 1073, 1075.

schaffen[146] bzw. eine steuerliche Verlustrealisierung herbeizuführen[147], dürfte es den Ehegatten in den meisten Fällen darauf ankommen, diese Besteuerung zu vermeiden und insgesamt zu einem steuerfreien Zugewinnausgleich zu gelangen. Vereinbaren die Ehegatten, dass der Zugewinnausgleichsbetrag (niedrig) verzinslich gestundet wird (so im Fall des FG Köln[148]), stellt dies eine Möglichkeit dar, eine Besteuerung zu vermeiden. Inwiefern sich dies allerdings auf die Bewertung der Ernsthaftigkeit der Ehegatten in Bezug auf die güterrechtliche Neuordnung der Vermögensverhältnisse auswirkt, ist eine Frage, die im weiteren Verlauf zu erörtern ist[149].

Die grundsätzliche Steuerfreiheit des Zugewinnausgleichsanspruchs ist bereits in Fällen des „fliegenden Zugewinnausgleichs"[150], also bei fehlender tatsächlicher Beendigung des Güterstands der Zugewinngemeinschaft, abgelehnt worden, sodass der Zugewinnausgleichsbetrag der Besteuerung unterfällt[151].

5. Steuerliche Auswirkungen bei Verzicht auf die Zugewinnausgleichsforderung

Eine Besteuerung kann grundsätzlich auch in Betracht kommen, wenn Ehegatten ehevertraglich den gesetzlichen Güterstand beenden und der ausgleichsberechtigte Ehegatte auf Zugewinnausgleichsansprüche für die Vergangenheit verzichtet[152]. Zu unterscheiden ist in diesen Fällen danach, ob der Verzicht vor oder nach Beendigung des Güterstandes erklärt wird[153]. Verzichtet der Ausgleichsberechtigte vor Beendigung des Güterstandes auf einen Teil der Ausgleichsforderung stellt dies keine Schenkung an den Ausgleichspflichtigen dar. Der Verzicht auf ein noch nicht endgültig erworbenes Recht beinhaltet keine Schenkung im Sinne des § 516 BGB[154]. Es handelt sich bei dem noch nicht erworbenen Recht allenfalls um eine Exspektanz. Dies entspricht dem Rechtsgedanken des § 517 BGB.

---

[146] v. Oertzen FamRZ 2010, 1785, 1787.
[147] v. Oertzen/Cornelius ErbStB 2005, 349, 353.
[148] DStRE 2002, 1248.
[149] Vgl. hierzu Teil 2 sub. B.I. 2.
[150] Vgl. Teil 1 sub. 0.III.
[151] BFH ZEV 2006, 40.
[152] Schlünder/Geißler FamRZ 2005, 149, 156.
[153] Meincke, ErbStG, § 5 Rn. 42.
[154] Meincke DStR 1986, 135, 139.

Ferner spricht auch die Motivation der Eheleute gegen die Annahme einer Schenkung: Der Wechsel zwischen zwei Güterständen stellt ein familienrechtliches Geschäft eigener Art dar[155] mit dem Ziel, eine zwischen den Eheleuten gerechte Vermögensordnung herzustellen[156]. Eine Bereicherungsabsicht kann darin regelmäßig nicht gesehen werden.

Gleiches gilt, wenn der ausgleichsberechtigte Ehegatte gegen eine Abfindung auf den Zugewinnausgleichsanspruch verzichtet. In derartigen Fällen bleibt die Ausgleichsforderung steuerlich außer Betracht[157].

Verzichtet der Ehegatte auf den Zugewinnausgleichsanspruch nachdem dieser entstanden ist, könnte darin eine freigebige Zuwendung im Sinne des § 7 Abs. 1 Nr. 1 ErbStG liegen[158]. Wenn angeführt wird, dass es den Ehegatten im Rahmen des Verzichts an einer Bereicherungsabsicht fehle und daher keine Schenkung vorliegen könne[159], ist diese Ansicht unter Berücksichtigung der Rechtsprechung zur unbenannten Zuwendung des BFH[160] nicht nachvollziehbar[161]. Auf einen Bereicherungswillen der Ehegatten kommt es gerade auch im Rahmen eines Verzichts auf eine Forderung zur Beurteilung der Unentgeltlichkeit nicht an. Damit stellt der Verzicht auf die Zugewinnausgleichsforderung nach deren Entstehen eine freigebige Zuwendung i. S. d. § 7 Abs. 1 Nr. ErbStG dar und unterliegt damit der Besteuerung.

III. Abgrenzung der Güterstandsschaukel zu anderen Formen der Vermögensübertragung zwischen Ehegatten

Die Güterstandsschaukel ist abzugrenzen von anderen Formen der Vermögensübertragung zwischen Ehegatten.

Hier kommen insbesondere der sog. „fliegende" Zugewinnausgleich und die unbenannte Zuwendung in Betracht. Diese Formen der Vermögensübertragung haben jeweils unterschiedliche (steuerliche) Wirkungen. Die Funktionsweisen und Auswirkungen sollen im Folgenden dargestellt werden, wobei insbesondere eine Abgrenzung der Instrumente zu der Güterstandsschaukel erfolgen soll.

---

[155] Langenfeld/*Milzer* Rn. 442.
[156] *Voss* DB 1988, 1084, 1086.
[157] ErbStR 12 I 3.
[158] So auch die Auffassung der Finanzverwaltung R E 5.2 Abs. 1 S. 2 ErbStR 2011.
[159] *Kapp/Ebeling,* § 5 Rn. 79 f.
[160] BFH BStBl. 1994 II, 366.
[161] *Richter,* in: Viskorf ErbStG, § 5 Rn. 47.

1. „Fliegender Zugewinnausgleich"

Anders als bei der Güterstandsschaukel, bei der der gesetzliche Güterstand beendet wird, besteht für Ehegatten die Möglichkeit, bei fortbestehender Zugewinngemeinschaft oder im Zusammenhang mit einer Modifikation der Zugewinngemeinschaft den Zugewinn hinsichtlich der Vergangenheit auszugleichen und sodann den Stand des Vermögens nach Ausgleichung als Anfangsvermögen für die fortbestehende Zugewinngemeinschaft zu definieren. Hierbei wird der Güterstand der Zugewinngemeinschaft zu keinem Zeitpunkt beendet. Zivilrechtlich ist dieses Vorgehen, mit dem insbesondere ein bestimmtes Anfangsvermögen vereinbart wird, zulässig[162]. Steuerlich hat dieses Vorgehen jedoch negative Auswirkungen. Nach Auffassung des BFH[163] wird der Güterstand nicht aufgehoben, sondern lediglich modifiziert. Damit stehen die Zahlung des Ausgleichsbetrages und der Verzicht auf Zugewinn für die Vergangenheit beim „fliegenden Zugewinnausgleich" entgegen der Auffassung des FG Nürnberg[164] nicht in einem synallagmatischen, konditionalen oder kausalen Austauschverhältnis. Die Leistung erfolgt nicht aufgrund einer gesetzlichen Bestimmung, sondern ist objektiv unentgeltlich[165]. Auf sie bestand weder ein Rechtsanspruch, noch ist sie mit irgendeiner Gegenleistung verknüpft. Auch wird der ausgleichspflichtige Ehegatte durch die Leistung nicht von einer zukünftigen Ausgleichsforderung befreit. Ob und in welcher Höhe zukünftig eine Zugewinnausgleichsforderung entsteht, ist schließlich noch gänzlich fraglich. § 5 Abs. 2 ErbStG ist für diese Konstellationen nicht anwendbar.

Diese Meinung ist nicht unumstritten[166]. Die Vertreter der Gegenauffassung führen als Argument insbesondere ins Feld, dass § 5 Abs. 2 ErbStG keine konstitutive, sondern lediglich klarstellende Wirkung zukomme[167]. Nach dieser Annahme

---

[162] *Bergschneider*, Eheverträge, Rn. 635 ff. und Rn. 644 ff.; *Zimmermann*, in: Kersten/Bühling, § 83 Rn. 17 ff.
[163] FamRZ 2006, 1670.
[164] ZEV 2006, 45, 45.
[165] BFH FamRZ 2006, 1670, 1670 f.; insofern fallen in derartigen Konstellationen die zivil- und die steuerrechtliche Beurteilung der Schenkung auseinander: Während das Zivilrecht in der ehebedingten Zuwendung aufgrund der ehebedingten causa i.d.R. keine Schenkung sieht (vgl. etwa *Lange*, in: MüKo-BGB, § 2325 Rn. 15), stellt das Steuerrecht allein auf die objektive Unentgeltlichkeit ab (BFH FamRZ 1994, 887).
[166] Kritisch insb. *Münch* ZEV 2006, 44; *Winkler* FPR 2006, 217, 220; *Meincke*, ErbStG, § 5 Rn. 39.
[167] *Meincke*, ErbStG, § 5 Rn. 38.

enthalte die Vorschrift keinen regelnden Charakter und damit keine Tatbestandsvoraussetzungen, unter die subsumiert werden könne. Auf eine Erfüllung des Wortlauts des § 5 Abs. 2 ErbStG komme es damit nicht an[168]. Die Steuerfreiheit des Zugewinnausgleichsanspruchs ergebe sich damit nur aus § 7 Abs. 1 Nr. 1 ErbStG, nämlich wenn in dem Zugewinnausgleichsanspruch im Falle des „fliegenden Zugewinnausgleichs" keine freigebige Zuwendung läge[169]. Wenn § 5 Abs. 2 ErbStG aber keinen Tatbestand enthalte, der erfüllt werden könne, bestehe auch die Möglichkeit des „fliegenden Zugewinnausgleichs", da insofern dem Wortlaut der Vorschrift („Wird der Güterstand der Zugewinngemeinschaft [...] beendet") keine entscheidende Bedeutung zukomme. Es wird angeführt, dass die causa der güterrechtlichen Neuordnung auch im Falle des „fliegenden Zugewinnausgleichs" in der Ehe begründet sei. Sie diene im weiteren Sinne dem Ehezweck und sei daher auch keine freigebige Zuwendung im Sinne des § 7 Abs. 1 Nr. 1 ErbStG[170].

Doch auch Vertreter der Auffassung, dass § 5 Abs. 2 ErbStG konstitutive Wirkung zukomme, vertreten die Ansicht, dass der „fliegende Zugewinnausgleich" nicht der Besteuerung unterläge[171]. Der vorzeitige Zugewinnausgleich lasse sich unter die erste Tatbestandsalternative des § 5 Abs. 2 ErbStG subsumieren, da er ebenfalls eine Beendigung des Güterstands der Zugewinngemeinschaft „in anderer Weise als durch den Tod eines Ehegatten" darstelle[172]. Für die Vergangenheit könne nämlich sodann kein weiterer Zugewinnausgleichsanspruch geltend gemacht werden. Diese sachliche und zeitliche Beendigung des Güterstands der Zugewinngemeinschaft müsse ausreichen. Eine „Totalbeendigung" des Güterstands sei gerade nicht erforderlich[173]. Weiter stützt sich diese Auffassung auf die historische Begründung der Norm. Der Gesetzgeber habe eine Differenzierung verschiedenen Formen der Beendigung vermeiden wollen[174], weshalb es allein darauf ankomme, ob der Zugewinnausgleich tatsächlich durchgeführt werde. Die Durchführung des fliegenden Zugewinnausgleichs sei ausreichend für die nach

---

[168] FG Köln EFG 2002, 1254, 1256.
[169] *Meincke*, ErbStG, § 5 Rn. 38.
[170] FG Nürnberg ZEV 2006, 45.
[171] Vgl. *Hüttemann* DB 1999, 248 ff., der die Steuerfreiheit insb. aufgrund des Wortlauts des § 5 Abs. 2 ErbStG und dessen historischer Genese begründet.
[172] *Hüttemann* DB 1999, 248, 250.
[173] *Hüttemann* DB 1999, 248, 250 f.
[174] *Hüttemann* DB 1999, 248, 251.

der Gesetzesbegründung erforderliche „güterrechtliche Abwicklung der Zugewinngemeinschaft"[175]. Was genau unter „güterrechtlicher Abwicklung" zu verstehen ist, ist allerdings sehr fraglich. Ob allein die rein tatsächliche Durchführung eines Zugewinnausgleichs ohne Beendigung des Güterstands der Zugewinngemeinschaft diesem Erfordernis gerecht wird, erscheint äußerst zweifelhaft.

Es ist überzeugender, der Differenzierung des BFH[176] zu folgen. Das Gesetz knüpft in § 5 Abs. 2 ErbStG unmissverständlich an die Beendigung des Güterstandes an. Wenngleich mit dieser Beendigung keine „Totalbeendigung", also eine Beendigung des Güterstands der Zugewinngemeinschaft ad infinitum, gemeint ist, so muss der Güterstand doch zumindest zeitweise vollständig aufgehoben sein. Allein der Ausgleich des bis dato erwirtschafteten Zugewinns ist nicht ausreichend. Auch bei der Gesetzesbegründung hat der Gesetzgeber angeführt, „daß in den Fällen, in denen es tatsächlich zu einer güterrechtlichen Abwicklung der Zugewinngemeinschaft kommt, die Ausgleichsforderung steuerfrei ist"[177]. Dem Erfordernis der güterrechtlichen Abwicklung lässt sich entnehmen, dass es zu einer Beendigung des Güterstandes der Zugewinngemeinschaft kommen muss. Die Ausgleichsforderung des einen Ehegatten kann nur entstehen wenn der Güterstand tatsächlich beendet wird. In allen anderen Konstellationen bestünde allenfalls eine gewisse Erwartung auf den Zugewinn. Damit ist allein der Ausgleich des bis dato erwirtschafteten Zugewinns nicht ausreichend und es muss an die formale Beendigung des Güterstands angeknüpft werden.

Die Tatsache, dass § 5 Abs. 2 ErbStG lediglich Fälle der Beendigung des Güterstandes umfasst und nicht auch für Fälle gelten soll, in denen der Zugewinn ohne Beendigung des Güterstandes ausgeglichen wird, zeigt den Willen des Gesetzgebers. Selbst wenn man der Norm lediglich klarstellenden Charakter einräumt[178], zeigt dies, dass andere Fälle des Zugewinnausgleichs gerade nicht von der Steuerprivilegierung erfasst sein sollen. Im Falle des fliegenden Zugewinnausgleichs besteht auf die Zugewinnausgleichsleistung weder ein Rechtsanspruch, noch ist sie synallagmatisch, konditional oder kausal mit einer Gegenleistung verknüpft. Der zweistufige Ablauf der Güterstandsschaukel (1. Stufe: Beendigung des Güterstands der Zugewinngemeinschaft, 2. Stufe: Leistung der sich aus der ersten

---

[175] Diese güterrechtliche Abwicklung wurde seitens des Gesetzgebers in BT-Drs. VI/3418, S. 63 verlangt.
[176] ZEV 2007, 500.
[177] BT-Drs. VI/3418, S. 63.
[178] Vgl. Fn. 136.

Stufe ergebenden Zugewinnausgleichsforderung) werde in Fällen des „fliegenden Zugewinnausgleichs" in einer Stufe begründet.

Ferner erfüllen die Fälle des „fliegenden Zugewinnausgleichs" auch den subjektiven Tatbestand des § 7 Abs. 1 Nr. 1 ErbStG. Ausreichend ist der einseitige Wille des Zuwendenden zur Unentgeltlichkeit der Leistung, eine Bereicherungsabsicht des Empfängers (animus donandi) ist nicht erforderlich[179].

Aufgrund der eindeutigen Positionierung des BFH stellt der „fliegende Zugewinnausgleich" in der Beratungspraxis ohnehin keine steuergünstige Möglichkeit der Vermögensübertragung zwischen Ehegatten dar[180].

2. Unbenannte Zuwendung

Ein Ehegatte kann während der Ehe im Wege der „unbenannten Zuwendung"[181] (oder ehebedingten Zuwendung) Vermögenswerte auf den anderen Ehegatten übertragen und anordnen, dass sich dieser die Zuwendung auf einen künftigen Zugewinnausgleichsanspruch nach § 1380 BGB anrechnen lassen muss. Die ehebedingte Zuwendung wird in der Erwartung des Fortbestands der Ehe zugewendet und erfolgt insbesondere zur Alterssicherung, zur Vermögensbildung oder bei sonstigen Zuwendungen in Ermangelung einer güterrechtlichen Anspruchsgrundlage[182]. Außerhalb des Familienrechts, insbesondere im Erbrecht, sind derartige unbenannte Zuwendungen als unentgeltlich und damit wie eine Schenkung zu behandeln[183]. Ausnahmsweise kann eine Entgeltlichkeit der unbenannten Zuwendung angenommen werden, wenn die Leistung zu einer angemessenen Altersvorsorge oder als nachträgliche Vergütung für langjährige Dienste erfolgt[184]. Diese Anwendungsfälle sind allerdings restriktiv zu handhaben.

---

[179] BFH FamRZ 2006, 1670, 1671.
[180] Vgl. *Münch*, in: Beck'sches Formularbuch FamR, H. I. 3. Anm. 2.
[181] Der BGH hat in NJW 1972, 580, diese Kategorie der Zuwendung von Vermögensgegenständen zwischen Ehegatten erschaffen. Bestimmendes Merkmal der unbenannten Zuwendung ist es, dass diese um der Ehe willen erfolgt. Sie stellen einen Beitrag zur Verwirklichung, Erhaltung oder Sicherung der Ehe dar. Unbenannte Zuwendungen stellen damit ein Rechtsgeschäft sui generis dar; vgl. auch *Münch*, Handbuch Familiensteuerrecht, Rn. 42.
[182] *Wever*, Vermögensauseinandersetzung, Rn. 405
[183] BGH NJW 1992, 564; eingehend zum Rechtsinstitut der ehebedingten Zuwendungen *Schotten* NJW 1990, 2843 ff.
[184] BGH NJW 1992, 546.

Auch der BFH[185] und die Finanzverwaltung[186] gehen von einer Unentgeltlichkeit unbenannter Zuwendungen aus, sodass grds. und sofern die maßgeblichen Freibeträge überschritten sind, eine Schenkungssteuerlast entsteht. Die Schenkungsteuerpflicht unbenannter Zuwendungen müsse nach den allgemeinen Voraussetzungen des § 7 Abs. 1 Nr. 1 EStG beurteilt werden. Da auf die Zuwendung kein Rechtsanspruch bestehe und sie nicht mit einer Gegenleistung im Zusammenhang stehe, sei sie objektiv unentgeltlich. Die Haushaltsführung oder Kinderbetreuung des anderen Ehegatten stelle keine Gegenleistung im Sinne der Norm für die Zuwendung dar[187].

Die Unentgeltlichkeit unbenannter Zuwendungen ist folgerichtig. Besteht auf die Leistung kein Anspruch, ist sie freigebig. Übersteigen die Leistungen eines Ehegatten an den anderen Ehegatten den Rahmen des Familienunterhalts, handelt es sich um freiwillige Leistungen. Einen Anspruch auf derartige Leistungen lässt sich auch nicht durch das Wesen der Ehe oder ähnliches herleiten.

Die Unentgeltlichkeit der unbenannten (ehebedingten) Zuwendung, bzw. deren isolierte Betrachtung als Schenkung ist nicht unumstritten.

Man könnte etwa auf eine entsprechende Anwendung der Wertungen des doppelten Güterstandswechsels verweisen[188]. Wenn der doppelte Güterstandswechsel keine unentgeltliche Zuwendung darstelle, müsse gleiches auch für die unbenannte Zuwendung gelten, da es übertrieben wäre, die Bestandskraft eines vorzeitigen Zugewinnausgleichs vom Abschluss einer notariellen Urkunde abhängig zu machen.

Diese Auffassung überzeugt jedoch nicht, da die Steuerfreiheit der Zugewinnausgleichsforderung beim doppelten Güterstandswechsel gerade aus dem gesetzlichen Zugewinnausgleichsanspruch, § 1378 Abs. 1 BGB resultiert.

Ferner spricht § 29 Abs. 1 Nr. 3 ErbStG für die Unentgeltlichkeit unbenannter Zuwendungen: Kommt es später zur Beendigung des Güterstands der Zugewinngemeinschaft und damit zu einem Zugewinnausgleich, auf den die Zuwendung

---

[185] DStR 1994, 615, 616 = BB 1994, 1342; a.A. noch BFH BStBl. 1980 II, 402 = BFHE 130, 179; BFH BStBl. 1985 II, 159, 160: hier vertrat der BFH die Auffassung, dass bei Geld- und Sachschenkungen unter Ehegatten eine tatsächliche Vermutung für eine Entgeltlichkeit bestehe. Damit folgte der BFH jeweils der Ansicht des BGH.
[186] R E 7.2 ErbStR 2011.
[187] BFH DStR 1994, 615, 616.
[188] *Hayler* FuR 2000, 4, 9.

angerechnet wird, wandelt sich die Zuwendung von einer unentgeltlichen in eine entgeltliche, nämlich einer antizipierten Leistung an Erfüllung statt auf die Zugewinnforderung[189]. Dies hat zur Folge, dass die Schenkungssteuer sodann gem. § 29 Abs. 1 Nr. 3 ErbStG mit ex-tunc Wirkung entfällt. Die aufgrund der unbenannten Zuwendung gezahlten Steuern werden im Falle der Beendigung des Güterstands der Zugewinngemeinschaft erstattet. Wenn die Schenkungsteuer bei Anrechnung einer Zuwendung auf den Zugewinn nachträglich wegfällt, macht es keinen Sinn, die unbenannte Zuwendung als entgeltliche Leistung zu bezeichnen.

Damit stellt die unbenannte ehebedingte Zuwendung grds. eine unentgeltliche Leistung eines Ehegatten an den anderen Ehegatten dar.

Schließlich wird auch postuliert, dass es eine Parallelwertung zum EStG geben solle: Wenn die Ehegatten bei Zusammenveranlagung einkommensteuerlich so behandelt werden, als habe jeder von ihnen die Hälfte des Einkommens erwirtschaftet müsse es den Ehegatten auch freistehen das Einkommen nach Belieben, zumindest hälftig, untereinander zu verteilen[190]. Dies hätte eine gleichmäßigere Verteilung des Einkommens und damit des Vermögens während des Bestehens der Ehe bzw. des Güterstands zur Folge.

Allerdings ist die steuerfreie Übertragung des hälftigen Einkommens des arbeitenden auf den haushaltsführenden Ehegatten bzw. der periodische Ausgleich des hälftigen Vermögens vom vermögenden auf den weniger vermögenden Ehegatten weder vorgesehen, noch erforderlich. § 1360 BGB normiert den Familienunterhalt und sorgt damit für die wirtschaftliche Absicherung auch des nicht berufstätigen Ehegatten während bestehender Ehe. Wenngleich dieser Unterhaltsanspruch – entgegen des Trennungs- oder nachehelichen Unterhalts[191] – kaum konkret zu beziffern ist, ist hierdurch das wirtschaftliche Auskommen des den Haushalt führenden Ehegatten gesichert. Darüber hinaus besteht mit dem Freibetrag des § 16 Abs. 1 Nr. 1 ErbStG die Möglichkeit Vermögen steuerfrei auf den Ehegatten zu übertragen. Würde der Gesetzgeber darüber hinaus eine völlige Steuerfreiheit der

---

[189] FG Nürnberg INF 2005, 247; *Hollender/Schlütter* DStR 2002, 1932, 1933.
[190] *Münch*, Handbuch Familiensteuerrecht, Rn. 45.
[191] Nach Erreichen der „faktischen Sättigungsgrenze" wird der Unterhalt nicht mehr quotal, sondern konkret bemessen, was eine Vermögensbildung seitens des Unterhaltsberechtigten verhindern soll; *Soyka*, in: Kleffmann/Soyka, Praxishandbuch Unterhaltsrecht, Rn. 424. Auch bei Scheitern der Ehe würde der unterhaltsberechtigte Ehegatte damit nicht hälftig am Einkommen des anderen Ehegatten partizipieren.

Einkommensverteilung oder Vermögensübertragung zwischen den Ehegatten gewähren, widerspräche dies dem dem Steuerrecht immanenten Leistungsfähigkeitsprinzip. Art. 3 Abs. 3 GG fordert, dass die Steuerlast gleichmäßig im Verhältnis ihrer wirtschaftlichen Leistungsfähigkeit auf die Steuerpflichtigen verteilt wird[192]. Entschließen sich der erwerbstätige Ehegatte dazu, sein Einkommen hälftig dem nicht erwerbstätigen Ehegatten zur Verfügung zu stellen, entspricht es diesem Leistungsfähigkeitsprinzip, dass der über den Familienunterhalt und den Freibetrag des § 16 Abs. 1 Nr. 1 ErbStG hinausgehende Betrag der Besteuerung unterfällt. Die Ehegatten müssen sich die Tatsache, dass die Vermögens- bzw. Einkommensübertragung wirtschaftlich nicht erforderlich insofern entgegenhalten lassen, als sie hierfür der Besteuerung unterworfen werden. Im Falle der Beendigung der Ehe ist zwar der Unterhalt des unterhaltsberechtigten Ehegatten steuerfrei und eine Vermögensübertragung ist dann im Rahmen des Zugewinnausgleichs gleichfalls nicht der Besteuerung unterworfen. Dies rechtfertigt allerdings nicht, die Steuerfreiheit auch auf den Zeitraum des Bestehens der Ehe auszudehnen, da hier bereits durch den Familienunterhaltsanspruch für eine auskömmliche (steuerfreie) Absicherung gesorgt ist.

Auch wenn eine steuerfreie Übertragung des hälftigen Einkommens bzw. Vermögens die Gleichwertigkeit von Erwerbstätigkeit und Haushaltsführung bzw. Kinderbetreuung auf den ersten Blick unterstreichen würde, wäre dieser Schritt doch unnötig. Gerade durch den Zugewinnausgleichsanspruch partizipieren die Ehegatten hälftig an dem während der Ehezeit erwirtschafteten Vermögen. Aufgrund des strengen Stichtagsprinzips[193] handelt es sich während des Fortbestands des Güterstands der Zugewinngemeinschaft bei dem zu erwartenden Zugewinnausgleichsanspruch allerdings allenfalls um eine Expektanz. Während Fortbestand des Güterstands der Zugewinngemeinschaft besteht kein Anspruch eines Ehegatten auf vorzeitigen Zugewinnausgleich. Ein solcher ist auch nicht erforderlich, da die Ehegatten durch unterhaltsrechtliche Ansprüche hinreichend abgesichert sind.

Damit ist die ehebedingte Zuwendung grds. unentgeltlich und unterliegt der Besteuerung.

---

[192] Vgl. nur BVerfGE 6, 55, 67; BVerfGE 8, 51, 68 f.; BVerfGE 47, 1, 29; BVerfGE 55, 247, 302; BVerfGE 61, 319, 343 ff.; BVerfGE 66, 214, 223; BVerfGE 82, 60, 86.
[193] Vgl. *Weinreich*, in: PWW, § 1374 Rn. 5.

IV. Zwischenergebnis zur allgemeinen Zulässigkeit der Güterstandsschaukel

Die Güterstandsschaukel ist als Gestaltungsinstrument zur Neuordnung der güterrechtlichen Verhältnisse von Ehegatten ein grds. zulässiges Gestaltungsinstrument[194]. Die weitgehende Ehevertragsfreiheit gestattet es den Ehegatten ihren Güterstand während bestehender Ehe auch mehrfach zu wechseln. Dieser zivilrechtlichen Gestaltungsfreiheit folgt das Steuerrecht. Indem § 5 Abs. 2 ErbStG an die Beendigung des Güterstands der Zugewinngemeinschaft und damit an den zivilrechtlichen Anspruch aus § 1378 Abs. 1 BGB anknüpft, wird die Steuerfreiheit des Zugewinnausgleichsanspruchs gewährt.

Der Möglichkeit einer steuerfreien Vermögensübertragung ist es immanent, dass es Grenzgestaltungen gibt, mit denen versucht wird, die gesetzgeberisch eingeräumten Möglichkeiten auch in anderen Konstellationen zu nutzen. Wird etwa der Zugewinn nicht ausgeglichen, sondern gestundet oder mit Verfügungsbeschränkungen belegt, stellt sich die Frage, ob diese Konstellationen gleichfalls steuerlich zu privilegieren sind, oder ob hier ein Missbrauch in Betracht kommt.

---

[194] BFH ZEV 2005, 490; *Burandt* FuR 2012, 301 ff.; *Geck* ZErbB 2004, 21 ff.; *Hayler* DNotZ 2000, 681 ff.; *Herrler* JA 2007, 120 ff.; *Münch* StB 2003, 130 ff.; *Ponath* ZEV 2006, 49 ff.; *Schlünder/Geißler* NJW 2007, 482 ff.; *Wachter* MittBayNot 2007, 250 ff.

Teil 2 – Grenzen der Güterstandsschaukel

A. Notwendigkeit einer Missbrauchskontrolle

Der BGH[195] und der BFH[196] haben das Instrument der Güterstandsschaukel grundsätzlich als Gestaltungsmöglichkeit der Vermögensübertragung zwischen Ehegatten anerkannt. Beide Gerichte haben jedoch auch auf die Möglichkeit bzw. Notwendigkeit der Durchführung einer Missbrauchskontrolle hingewiesen. Nachdem die Zulässigkeit der Güterstandsschaukel sowohl zivil- als auch steuerrechtlich höchstrichterlich bestätigt worden ist, werden in der Literatur, soweit ersichtlich, die verbleibenden (Gestaltungs-) Risiken kaum thematisiert. Zumeist wird aus Gründen der Rechtssicherheit lediglich geraten, von einer Beurkundung des doppelten Güterstandswechsels in einer Urkunde abzusehen[197].

Eine nähere Betrachtung der beiden höchstrichterlich entschiedenen Fälle und deren Urteilsbegründungen zeigt allerdings, dass eine intensive Prüfung eines etwaigen Missbrauchs bzw. einer Umgehung in steuerrechtlicher Hinsicht bislang noch nicht erfolgt. Diese Missbrauchskontrolle ist jedoch in Anbetracht der noch immer bestehenden Rechtsunsicherheiten erforderlich und geboten. Die Vertragsgestaltung ist damit nicht unbeschränkt möglich. Sie findet ihre Grenzen spätestens wenn die Schwelle zum Missbrauch überschritten ist. Wann dies in Konstellationen der Güterstandsschaukel der Fall sein kann, soll nachfolgend aufgezeigt werden.

I. Der vom BFH zu beurteilende Fall und die Entscheidung

Dem Urteil des BFH vom 12.07.2005 (II R 29/02)[198] lag die erstinstanzliche Entscheidung des FG Köln[199] zugrunde.

Die Ehegatten schlossen einen Ehevertrag, in dem sie die Beendigung des Güterstands der Zugewinngemeinschaft mit Ablauf des Tages des Vertragsschlusses vereinbarten. In der gleichen Urkunde begründeten sie mit Beginn des auf den

---

[195] NJW 1992, 558 f.
[196] NJW 2005, 2663 ff. = ZEV 2005, 490 ff.
[197] Vgl. etwa *Münch*, in: Beck'sches Formularbuch FamR, Form H. I. 3, unter Ziffer 4 wird allerdings auch das Muster einer Beurkundung in einer Urkunde dargestellt; *Christ* NZFam 2014, 322, 326, die lediglich darauf hinweist, dass der Güterstand wirksam „unter Einschaltung eines Notars" erfolgen muss.
[198] NJW 2005, 3663.
[199] DStRE 2002, 1248 ff.

Vertragsschluss folgenden Tages erneut den Güterstand der Zugewinngemeinschaft. Die Ehegatten hatten den während des Bestehens der Zugewinngemeinschaft erwirtschafteten Zugewinn (6.766.000,- €) errechnet und setzten die Zugewinnausgleichsforderung entsprechend fest. Diese Zugewinnausgleichsforderung wurde grds. bis zum Tod des ausgleichspflichtigen Ehegatten gestundet und war mit 1,5 % p.a. zu verzinsen. Darüber hinaus vereinbarten die Ehegatten ein Abtretungsverbot der gesetzlichen Zugewinnausgleichsforderung. Lediglich eine vollständige oder teilweise Abtretung der Forderung an gemeinschaftliche Abkömmlinge der Ehegatten war in dem Ehevertrag gestattet. Schließlich vereinbarten die Ehegatten, dass das jeweilige Anfangsvermögen für den neuerlich vereinbarten Güterstand der Zugewinngemeinschaft sich aus dem Vermögen unter Berücksichtigung des durchgeführten Zugewinnausgleichs ergeben solle.

Das FG Köln[200] hatte sich in der Vorinstanz eingehend mit einer etwaigen Nichtigkeit der Güterstandsschaukel auseinander gesetzt. Es hält zunächst fest, dass das ehevertragliche Abtretungsverbot der Zugewinnausgleichsforderung nicht zur Gesamtnichtigkeit des Ehevertrages führt. Es läge lediglich ein Verstoß gegen § 137 S. 1 BGB i.V.m. § 1378 Abs. 3 BGB vor. Hieraus folge allerdings nur der Eintritt der gesetzlichen Folge anstelle der nichtigen Vereinbarung. Eines Rückgriffs auf § 139 BGB bedürfe es nicht[201].

Ferner stellt das FG Köln fest, dass der Ehevertrag nicht gegen § 138 BGB verstoße. Eine nur hypothetisch denkbare Haftungsinanspruchnahme in der Zukunft sei nicht ausreichend um die Sittenwidrigkeit des Vertrages anzunehmen[202].

Sodann prüft das FG Köln, ob in der Gestaltung des doppelten Güterstandswechsels ein Scheingeschäft i.S.d. § 117 Abs. 1 BGB zu sehen ist. Das FG stellt jedoch fest, dass es den Ehegatten gerade auf die Rechtsfolgen des § 1378 Abs. 3 S. 1 BGB ankomme und insofern das Vorliegen eines Scheingeschäfts ausscheiden müsse[203].

Schließlich widmet sich das FG Köln der Frage, ob der doppelte Güterstandswechsel einen Missbrauch der rechtlichen Gestaltungsmöglichkeiten nach § 2 AO darstellen könnte. Im Ergebnis wird dies abgelehnt[204]. Zunächst äußert

---

[200] DStRE 2002, 1248.
[201] FG Köln DStRE 2002, 1248, 1249.
[202] FG Köln DStRE 2002, 1248, 1250.
[203] FG Köln DStRE 2005, 1248, 1251.
[204] FG Köln DStRE 2006, 1248, 1251.

das FG Bedenken zur Anwendbarkeit der Vorschrift auf das ErbStG bzw. §§ 1371, 1378 BGB. Doch auch bei Anwendbarkeit der Vorschrift stelle die gewählte Gestaltung keinen Missbrauch im Sinne des § 42 AO dar, weil außersteuerliche Gründe für die gewählte Gestaltung vorgetragen worden seien. Das FG Köln verweist im Rahmen der steuerrechtlichen Zulässigkeit der gewählten Gestaltung auf die Privatautonomie der Ehegatten und die zivilrechtlich zulässigen Möglichkeiten. Hieran müsse sich auch das Steuerrecht orientieren.

Der BFH wies die gegen das Urteil des FG Köln eingelegte Revision des Finanzamts als unbegründet zurück[205] und bestätigte damit in weiten Teilen das erstinstanzliche Urteil.

Die Begründung einer Ausgleichsforderung durch ehevertragliche Beendigung des Güterstands der Zugewinngemeinschaft (§ 1378 BGB) sei nicht als freigebige Zuwendung (§ 7 Abs. 1 Nr. 1 ErbStG) schenkungsteuerpflichtig, wenn es tatsächlich zu einer güterrechtlichen Abwicklung der Zugewinngemeinschaft durch Berechnung der Ausgleichsforderung komme. Dies gelte auch, wenn der Güterstand der Zugewinngemeinschaft im Anschluss an die Beendigung neu begründet werde.

Der Schenkungsteuer unterliege als Schenkung unter Lebenden (§ 1 Abs. 1 Nr. 2 ErbStG) jede freigebige Zuwendung unter Lebenden, soweit der Bedachte durch sie auf Kosten des Zuwendenden bereichert werde (§ 7 Abs. 1 Nr. 1 ErbStG i. Ü. vgl. auch § 516 Abs. 1 BGB). Der Gegenstand der Schenkung richte sich nach bürgerlichem Recht. Auszugehen sei danach zunächst vom Parteiwillen, im Fall der freigebigen Zuwendung vom Willen des Zuwendenden, d. h. was dem Bedachten nach dem Willen des Schenkers geschenkt sein solle. Dem ausgleichsberechtigten Ehegatten werde die Zugewinnausgleichsforderung jedoch nicht rechtsgeschäftlich zugewendet. Sie entstehe vielmehr kraft Gesetzes mit der Beendigung des gesetzlichen Güterstandes (§ 1378 Abs. 3 S. 1 BGB). Die Begründung der Ausgleichsforderung sei damit nicht schenkungsteuerpflichtig, wie § 5 Abs. 2 ErbStG klarstellend regele[206].

Der Güterstand der Zugewinngemeinschaft könne auch bei Fortbestand der Ehe beendet und ggf. auch rückwirkend vereinbart werden[207]. Dies folge aus der in § 1408 Abs. 1 BGB statuierten Vertragsfreiheit. Aus dieser Vertragsfreiheit folge

---

[205] ZEV 2005, 490.
[206] BFH DStR 1993, 987; BFH NJW 1994, 150, 151.
[207] BGH NJW 1998, 1857, 1859.

47

zugleich, dass die Beendigung des gesetzlichen Güterstands und die anschließende Neubegründung bürgerlich-rechtlich zulässig seien. Der für § 1408 Abs. 1 BGB erforderliche Güterstandsbezug liege wegen der über den Vermögensausgleich hinausgehenden Wirkung immer vor wenn der Güterstand insgesamt beendet wird.

Diese bürgerlich-rechtliche Gestaltungsfreiheit müsse auch seitens des Schenkungsteuerrechts anerkannt werden[208], wenn es tatsächlich zu einer Abwicklung, d. h. Ermittlung der Ausgleichsforderung komme. Grenzen seien der Gütergestaltungsfreiheit erst dort gezogen, wo sie einem Ehegatten überhöhte Ausgleichsforderungen dergestalt verschaffe, dass der Rahmen einer güterrechtlichen Vereinbarung überschritten werde[209]. Die Beendigung des gesetzlichen Güterstands und seine anschließende Neubegründung seien damit regelmäßig nicht rechtsmissbräuchlich.

§ 5 Abs. 2 ErbStG lasse sich eine Einschränkung, die zivilrechtliche Beendigung des gesetzlichen Güterstandes sei steuerlich nur dann anzuerkennen, wenn die Beendigung endgültig sei, nicht entnehmen. Abgesehen davon, dass § 5 Abs. 2 ErbStG nur klarstellende Funktion habe, also eine Steuerpflicht nicht begründen könne[210], wiederhole die Vorschrift lediglich den zivilrechtlichen Gesetzestext des § 1372 BGB. Ihr komme ein über die zivilrechtliche Bedeutung hinausgehender Inhalt nicht zu. Auch lasse die Tatsache, dass der Gesetzgeber die Rechtsprechung des BFH zur Anerkennung zivilrechtlicher Gestaltungen im Rahmen des § 5 Abs. 1 ErbStG zum Anlass genommen hat, diese Vorschrift zu ändern, § 5 Abs. 2 ErbStG aber unberührt gelassen habe, nur den Schluss zu, dass es insoweit mit der Anerkennung der zivilrechtlichen Gestaltungen sein Bewenden haben solle. Auch die Gesetzesmaterialien ließen nicht erkennen, dass das Tatbestandsmerkmal der Beendigung des Güterstandes in § 5 Abs. 2 ErbStG abweichend vom bürgerlichen Recht eine zeitlich abschließende endgültige Bedeutung haben solle. Der Gesetzgeber gehe vielmehr nur davon aus, dass es tatsächlich zu einer güterrechtlichen Abwicklung kommen müsse[211].

---

[208] BFH NJW 1994, 343, 344.
[209] BFHE 157, 229.
[210] BFHE 171, 321; BFH DStR 1993, 987.
[211] Vgl. Begründung zum Entwurf eines zweiten Steuerreformgesetzes BT-Drs. VI/3418, S. 63.

II. Der dem BGH-Urteil zu Grunde liegende Fall

Im Fall des BGH (Urteil vom 27.11.1991, Az.: IV ZR 266/90) [212] hatte dieser zu beurteilen, ob der Wechsel von der Zugewinngemeinschaft in die Gütergemeinschaft ohne weiteres zulässig ist oder ob hierin auch eine Schenkung zu sehen ist mit der Folge, dass Pflichtteilsergänzungsansprüche ausgelöst würden.

Die Eheleute lebten zunächst im Güterstand der Zugewinngemeinschaft. Etwa neun Jahre nach Eingehung der Ehe wechselten sie durch Ehevertrag in den Güterstand der Gütergemeinschaft, weitere sechs Jahre später erfolgte ein Wechsel in die Gütertrennung. Der Ehemann hatte drei Kinder aus erster Ehe. Die Ehegatten hatten ein gemeinsames Kind. Im Wesentlichen wurde das Vermögen seitens des Ehemannes in die Ehe eingebracht und während dieser erwirtschaftet. Die Ehefrau erwirtschaftete kaum Vermögen. Nach dem Tod des Ehemannes machten dessen Kinder aus erster Ehe unter anderem Pflichtteilsergänzungsansprüche geltend.

Der BGH stellt fest, dass die objektive Bereicherung des weniger begüterten Ehegatten durch die Vereinbarung der Gütergemeinschaft grds. keine Schenkung im Sinne der §§ 516, 2325, 2287 BGB darstelle. Grundsätzlich stünden den pflichtteilsberechtigten Abkömmlingen des Ehemannes aus erster Ehe damit keine Pflichtteilsergänzungsansprüche zu. Auch die Pflichtteilsberechtigten müssten sich die ehevertragliche Gestaltungsfreiheit der Ehegatten entgegenhalten lassen. Der BGH führt aus, dass grds. die ehebedingte causa der güterrechtlichen Neuordnung für die Bereicherung verantwortlich sei und nicht eine unentgeltliche Schenkung. Allerdings käme ein Missbrauch (Schenkungsvertrag) in Betracht, wenn die Ehegatten im Rahmen eines einheitlichen Gesamtplans handelten[213]. Würden durch die ehevertragliche Gestaltung „ehefremde Zwecke"[214] verfolgt, sei darin ein Missbrauch zu sehen.

Der BGH hat die Notwendigkeit einer Missbrauchskontrolle damit „zwischen den Zeilen" erwähnt und zum Teil durchgeführt. Der Sachverhalt ist stets dann auf einen Missbrauch zu prüfen, wenn in der konkreten Situation der Verdacht naheliegt, dass die ehe- bzw. güterrechtliche causa der Neugestaltung nicht im Vordergrund steht. Es ist ersichtlich, dass eine Missbrauchskontrolle stets einzelfallbezogen ist. In dem zu entscheidenden Fall kam sie lediglich im Hinblick auf eine

---

[212] NJW 1992, 558 f.
[213] BGH NJW 1992, 558, 559.
[214] BGH NJW 1992, 558, 559.

Pflichtteilsverkürzung in Betracht. Grundsätzlich ist sie allerdings auch in anderen Konstellationen denkbar und erforderlich[215].

III. Allgemeine Erwägungen zum Rechtsmissbrauch

Es verwundert, dass der BFH – obwohl im entschiedenen Fall die Annahme eines Rechtsmissbrauchs nahelag[216] – die Möglichkeit der Missbrauchskontrolle zwar aufzeigte, sie aber nicht, zumindest nicht in der gebotenen Tiefe, vornahm. So hat der BFH[217] lediglich mit einem Satz festgestellt, dass die Gestaltung nicht gegen § 42 AO verstoße. Eine Begründung dieser Aussage und eine intensive Prüfung der angesprochenen Norm erfolgte jedoch nicht, auch nicht in der seither ergangenen Rechtsprechung der Instanzgerichte.

Auch in der Literatur[218] wird vereinzelt der Verdacht einer rechtsmissbräuchlichen Verwendung des Instruments der Güterstandsschaukel nahegelegt. Bereits die Titel der Beiträge in der Literatur erregen teilweise den Verdacht einer rechtsmissbräuchlichen Gestaltung. So wird aus dem Untertitel „Schenkungsteuerfreie Ehegattenzuwendungen zur Vorbereitung vorweggenommener Erbfolge"[219] ersichtlich, dass es im Rahmen der Gestaltung lediglich darauf ankommt, durch möglichst geschickte Vorgehensweise eine steuerfreie Vermögensübertragung zunächst zwischen den Ehegatten und sodann durch optimale Ausnutzung der Steuerfreibeträge auf die Nachkommen vorzunehmen. Dass hierfür das Instrument des doppelten Güterstandswechsels lediglich ein opportunes Mittel ist um zunächst Vermögen zwischen den Ehegatten zu übertragen, lässt sich nicht verbergen. Umso mehr verwundert, dass die Güterstandsschaukel in der Literatur oftmals unkritisch gesehen wird[220] und die vom BGH und BFH angedeutete Missbrauchskontrolle bislang, soweit ersichtlich, noch nicht durch Finanzverwaltungen durchgeführt worden ist. Es lassen sich keine Anhaltspunkte dafür finden,

---

[215] Vgl. auch BGH FamRZ 2010, 1548 zur Anfechtung nach § 133 Abs. 2 S. 1 InsO.
[216] *Wachter* FR 2006, 42, 43.
[217] ZEV 2006, 41.
[218] Etwa *Münch* StB 2003, 130 ff.; insbesondere hat auch *Brambring* ZEV 1996, 248, 253 f. vorgeschlagen, die Freibeträge durch vorangegangene Güterstandsschaukel besser auszunutzen.
[219] *Münch* StB 2003, 130.
[220] *Christ* NZFam 2014, 322, 326 verweist etwa darauf, dass lediglich der Güterstand der Zugewinngemeinschaft tatsächlich beendet werden muss und auch die Gestaltung in einer Urkunde möglich sei.

dass tiefergehendete Betrachtungen als die rein formalistischen Merkmale (Anzahl der Urkunden, Verweildauer im Güterstand der Gütertrennung etc.) durchgeführt worden sind.

Um einen extensiven Gebrauch des doppelten Güterstandswechsels (insbesondere zur Verfolgung außerehelicher Ziele[221]) auszuschließen, ist die Durchführung einer Missbrauchskontrolle sowohl in zivil- als auch in steuerrechtlicher Hinsicht erforderlich. Eine derartige Missbrauchskontrolle ist insbesondere dann angezeigt, wenn die Motivation der Ehegatten von dem grds. zulässigen Instrument des (doppelten) Güterstandswechsels Gebrauch zu machen, nicht mehr güterrechtlich begründet ist, sondern vielmehr sonstige zivilrechtliche Motivationen (wie die Ermöglichung einer besseren Nutzung erbschaftsteuerlicher Freibeträge oder die Verkürzung von Unterhaltsansprüchen[222]) im Vordergrund stehen[223].

Für die beratende, insbesondere notarielle Praxis sind entsprechende rechtssichere Vereinbarungen zur Vermeidung von Regressfällen dringend erforderlich. Eine derartige Missbrauchskontrolle ist höchstrichterlich noch nicht erfolgt. Der BFH[224] hat betont, dass er die Frage der tatsächlichen Beendigung des Güterstandes der Zugewinngemeinschaft nicht selbst zu entscheiden hatte. Er sah sich insofern an die vom FG Köln[225] vorgenommene Würdigung des Ehevertrags gebunden. Die Entscheidung entspreche gesetzlichen Auslegungsregeln (§§ 133, 157 BGB) und verstoße auch nicht offensichtlich gegen Denkgesetze und allgemeine Erfahrungssätze[226]. Dieses habe die Beendigung des Güterstands rechtsfehlerfrei festgestellt, sodass er die Entscheidung in dieser Hinsicht nicht einer Überprüfung unterziehen könne[227].

---

[221] Als solche kommen insbesondere erbrechtliche Motive in Betracht. Damit beide Ehegatten die erbschaftsteuerlichen Freibeträge nutzen können ist es in oftmals erforderlich, das Vermögen zwischen den Ehegatten gleichmäßig zu „verteilen". Doch auch die (potentielle) Verkürzung von Pflichtteilsansprüchen oder Unterhaltsansprüchen können außereheliche Ziele darstellen. Vgl. zu den Einzelheiten die Ausführungen im Rahmen der Missbrauchskontrolle unter sub. B. 2.

[222] Vgl. hierzu ausführlich die Ausführungen im Rahmen der Missbrauchskontrolle sub. B. 2.

[223] Vgl. ErbStR 12 II 3 – 6; *Meincke*, ErbStG, § 5 Rn. 41.

[224] ZEV 2005, 490, 491.

[225] DStRE 2002, 1248.

[226] Vgl. auch BFH DStR 1999, 1310, 1311: sobald eine durch das FG vorgenommene Auslegung möglich ist, und nicht gegen Denkansätze und Erfahrungssätze verstößt, ist diese Auslegung bindend gem. § 118 Abs. 2 FGO.

[227] BFH ZEV 2005, 490, 491.

In zivilrechtlicher Hinsicht stellte der BGH[228] fest, dass ein rechtlicher Missbrauch insbesondere dann in Betracht komme, wenn „ehewidrige Zwecke" verfolgt werden, wenn es den Ehegatten also nicht mehr allein auf die güterrechtliche Neuordnung ankommt, sondern weitere Aspekte (Pflichtteilsverkürzung etc.) bei der Gestaltung im Vordergrund stehen. Veröffentlichte Rechtsprechung zu diesem Themenkomplex ist, soweit ersichtlich, allerdings nicht vorhanden.

Lediglich in der Literatur finden sich vereinzelt Hinweise, die vor einer missbräuchlichen Gestaltung der Güterstandsschaukel warnen[229].

---

[228] NJW 1992, 558, 559.
[229] Etwa *Münch* ZEV 2005, 491, 492; *v. Oertzen* ErbStB 2005, 71, 72.

B. Zivilrechtliche Grenzen der Gestaltung

Wenngleich sowohl der BGH[230] als auch der BFH[231] die Güterstandsschaukel grds. als zulässiges Gestaltungsinstrument gebilligt haben, kommt dennoch die Unwirksamkeit des Rechtsgeschäfts in Betracht. Unwirksamkeit stellt hierbei lediglich den Oberbegriff für diverse Varianten möglicher Nichtigkeitsgründe eines Rechtsgeschäfts dar[232].

Für Fälle der Anfechtung nach InsO und AnfG gilt: Angefochten werden kann jedes Rechtsgeschäft, auch ein nichtiges[233]. Grds. ist das anfechtbare Rechtsgeschäft, also der Ehevertrag, wirksam. Erst durch die Anfechtung wird das Rechtsgeschäft ex tunc nichtig (§ 142 Abs. 1 BGB). Ausnahmen von der rückwirkenden Nichtigkeit des Vertrages bestehen im Rahmen von Dauerschuldverhältnissen (Arbeits- oder Gesellschaftsverhältnissen[234]), bei denen die Wirkung der Nichtigkeit erst ex nunc eintritt[235].

Damit ist auch denkbar, dass der Ehevertrag nach den Vorschriften des AnfG angefochten wird. Auf diese Problematik soll im Rahmen der vorliegenden Arbeit allerdings nicht eingegangen werden.

I. Grundfall

Zunächst kommt ein Missbrauch bereits allein dadurch in Betracht, dass die Ehegatten das Instrument der Güterstandsschaukel nutzen, ohne dass weitere Gesichtspunkte hinzutreten müssten, die eine rechtsmissbräuchliche Gestaltung noch wahrscheinlicher werden lassen. Es erscheint zum einen fraglich, ob die Ehegatten eine gewisse Zeit im Güterstand der Gütertrennung leben müssen, bevor sie in die Zugewinngemeinschaft zurückkehren. Zum anderen ist zu klären, ob es zulässig ist, in einer Urkunde einen doppelten Güterstandswechsel zu vollziehen, also den Güterstand der Zugewinngemeinschaft durch eine Urkunde zu beenden und ihn durch dieselbe Urkunde erneut zu begründen.

---

[230] NJW 1992, 558; BGH FamRZ 2010, 1548 im Hinblick auf die Anfechtung nach der InsO.
[231] ZEV 2005, 490 mit Anmerkung *Münch*.
[232] Vgl. *Wolf/Neuner*, BGB-AT, § 44 Rn. 1 ff.
[233] *Roth*, in: Staudinger-BGB, § 142 Rn. 27 ff.; *Ahrens*, in: PWW, § 142 Rn. 6.
[234] BGHZ 55, 5, 8; BAG NJW 1984, 446 und ständig.
[235] *Ellenberger*, in: Palandt, § 142 Rn. 2.

Neben der für Gläubiger bestehenden Möglichkeit der Anfechtung des Rechtsgeschäfts nach den Vorschriften der InsO und des AnfG dürfte auch eine Sittenwidrigkeit des Rechtsgeschäfts nach der allgemeinen Regel des § 138 BGB in Betracht kommen[236].

Ebenfalls ist aufgrund der konkreten Gestaltung zu prüfen, ob ein Verstoß gegen § 242 BGB vorliegt. Dieser stellt grds. einen geringeren Verstoß als ein sittlich vorwerfbares Verhalten dar[237], ermöglicht allerdings eine über den Anwendungsbereich des § 138 BGB hinausgehende Inhaltskontrolle[238]. § 242 BGB ermöglicht es als „Ermächtigungsgrundlage für außergerichtliche Neubildung von Rechtssätzen"[239] flexibel auf geänderte gesellschaftliche Situationen und Auffassungen zu reagieren. Treu und Glauben weisen nach ihrem Wortsinn in die Richtung des Vertrauensschutzes und zu einer „billigen Rücksichtnahme" auf schutzwürdige Interessen Dritter[240].

Obwohl § 242 BGB tatbestandliche Voraussetzungen enthält („Schuldner", „Leistung so zu bewirken"), sind diese gerade nicht maßgeblich[241] und grenzen den Anwendungsbereich nicht auf derartige Fälle ein. Der Grundsatz von Treu und Glauben ist auch im Familienrecht[242] und Erbrecht[243] anwendbar, sodass eine Prüfung der Norm auch in Fällen des doppelten Güterstandswechsels in Betracht zu ziehen ist[244].

1. Verstoß gegen § 138 BGB

Grds. ist § 138 BGB auf alle Rechtsgeschäfte anwendbar. Ob dies jedoch auch im Rahmen von Verträgen zwischen Ehegatten gilt, erscheint fraglich.

Der BGH hat im Rahmen der Anwendbarkeit des § 1579 BGB entschieden, dass ein Rückgriff auf allgemeine Grundsätze eher nicht in Betracht komme[245]. Die familienrechtlichen Regelungen seien abschließend und ein Rückgriff auf die allgemeinen Vorschriften des BGB weder erforderlich noch sachlich gerechtfertigt.

---

[236] *Brudermüller*, in: Palandt, § 1378 Rn. 14 zu § 1378 Abs. 2 BGB.
[237] *Sack/Fischinger*, in: Staudinger-BGB, § 138 Rn. 181.
[238] *Wendtland*, in: Bamberger/Roth, § 138 Rn. 8.
[239] *Roth*, in: MüKo-BGB, § 242 Rn. 1.
[240] *Werner*, in: Erman-BGB, § 242 Rn. 2; *Roth*, in: MüKo-BGB, § 242 Rn. 5.
[241] *Roth*, in: MüKo-BGB, § 242 Rn. 53.
[242] Siehe bereits BGHZ 1, 87, 90.
[243] BGHZ 12, 286, 302 ff.; BGHZ 37, 233, 241.
[244] Zur Anwendbarkeit des § 242 BGB vgl. Teil 2 sub. B. I. 2. a).
[245] BGH FamRZ 1982, 792, 794.

Dies könne allerdings nur insoweit gelten, als die Berufung auf eine selbst herbeigeführte Leistungsunfähigkeit nicht gegen den Grundsatz von Treu und Glauben (§ 242 BGB) verstößt[246]. Die Grundsätze von Treu und Glauben sowie des sittenwidrigen Rechtsgeschäfts (§ 138 BGB) beherrschen die gesamte Rechtsordnung und finden daher immer dann Anwendung, wenn ohne deren Korrekturmöglichkeiten unbillige Ergebnisse die Folge wären[247]. Aufgrund der starken persönlichen Bindungen und Einfärbungen ist das Familienrecht in besonderem Maße in „qualitativ wie quantitativ gesteigerter Form" dem Grundsatz von Treu und Glauben unterworfen[248], was für eine Anwendbarkeit der §§ 138, 242 BGB spricht.

Spätestens seit Begründung der „Kernbereichslehre" des BGH[249] ist die Anwendbarkeit der §§ 138, 242 BGB im Rahmen der Beurteilung der Rechtmäßigkeit eines Ehevertrags anerkannt[250]. Die grds. zuzuerkennende Vertragsfreiheit der Ehegatten wird durch den Schutzzweck gesetzlicher Regelungen begrenzt. Im Rahmen dieses Kontrollmechanismus nimmt der BGH eine Wirksamkeitskontrolle nach § 138 BGB und eine Ausübungskontrolle nach § 242 BGB vor. Diese Inhaltskontrolle von Eheverträgen gilt grds. nur bei Ehegatten untereinander. Wenn die Anwendbarkeit der Grundsätze von Treu und Glauben und der rechtsmissbräuchlichen Gestaltung bereits im Verhältnis der Ehegatten untereinander gilt, muss dies umso mehr Anwendung finden wenn die ehevertragliche Gestaltung Dritten gegenüber Wirkung entfaltet. Die Sittenwidrigkeit eines Rechtsgeschäfts bzw. ein Verstoß dieses Rechtsgeschäfts gegen die Grundsätze von Treu und Glauben kann sich auch im Verhältnis gegenüber Dritten, die nicht Vertragspartei sind ergeben. Die grds. Wandelbarkeit des Güterstandes darf nicht dazu führen, dass der Schutzzweck von Vorschriften unterlaufen wird. Gerade für diese Fälle bieten §§ 138, 242 BGB umfassenden Schutz[251].

Auch im Rahmen der Ehevertragskontrolle ist damit grds. ein Rückgriff auf allgemeine Regeln (§§ 138, 242, 313 BGB) zulässig[252].

---

[246] BGH NJW 1985, 732, 733.
[247] *Hoppenz* NJW 1984, 2327, 2328.
[248] BGHZ 1, 87, 90.
[249] NJW 2004, 930 ff. = FamRZ 2004, 601 ff.; der Begriff „Kernbereichslehre" wird vom BGH allerdings erstmals in NJW 2013, 457 benutzt; *Jüdt* FuR 2014, 92, 96.
[250] BGH NJW 2011, 2969, 2970; BGH FamRZ 2004, 601, 606; *Brudermüller*, in: Palandt, § 1408 Rn. 7.
[251] In diesem Sinne auch BGH NJW 2005, 2387, 2388, der verhindert, dass durch die Disponibilität der Scheidungsfolgen gesetzliche Schutzzwecke umgangen werden könnten.
[252] *Brudermüller*, in: Palandt, § 1408 Rn. 7.

Es ist zu beachten, dass ein Verstoß gegen § 138 BGB grds. in Betracht kommt, vorrangig allerdings ein Verstoß gegen spezialgesetzliche Normen zu prüfen ist[253]. Vorrangig ist damit in jedem Einzelfall ein Verstoß gegen §§ 129 ff. InsO, §§ 3 f. AnfG, § 134 BGB, § 42 AO zu prüfen. Da diesen Normen allerdings keine Aussagekraft über die grundsätzliche Zulässigkeit bzw. den Rechtsmissbrauch der Güterstandsschaukel insgesamt zukommt, sollen die an sich vorrangig zu prüfenden Normen hier im Nachgang zu den grundsätzlichen Erwägungen geprüft werden.

Ein Verstoß gegen § 138 BGB kommt zunächst in Betracht, wenn die gewählte Art der Gestaltung gegen das Anstandsgefühl aller billig und gerecht Denkenden verstößt[254]. Bei der Gesamtbetrachtung eines Rechtsgeschäfts sind auch die Beweggründe und der Zweck des Rechtsgeschäfts in die Betrachtung einzubeziehen[255], sodass auch die Motive der Parteien Berücksichtigung finden[256]. Die Motive der Parteien werden sich regelmäßig nur ansatzweise in der notariellen Urkunde finden lassen. Vielmehr dürfte anhand von Indizien darauf geschlossen werden müssen, was die Ehegatten zu der gewählten Gestaltung bewegt hat.

Ebenfalls denkbar ist ein Verstoß gegen § 138 BGB aufgrund eines Verstoßes gegen grundlegende Wertvorstellungen, die sowohl auf rechtlichen als auch auf außerrechtlichen Prinzipien beruhen können[257].

In Betracht kommt hier ein Verstoß gegen die Familienordnung bzw. gegen das Wesen der Ehe als Verletzung des Art. 6 GG, die eine Sittenwidrigkeit nach § 138 BGB begründen würde[258]. In diesem Fall hat eine auf das Verfassungsgebot ausgerichtete Auslegung des § 138 BGB zu erfolgen. Allein die Durchführung des doppelten Güterstandswechsels ist im Hinblick auf die Familienordnung rechtlich wenig zu beanstanden. Den Ehegatten steht es frei, ihre güterrechtlichen Beziehungen in ehelicher und familiärer Verantwortung zu jedem Zeitpunkt in der Ehe neu zu ordnen[259]. Der Wechsel des Güterstandes kann damit im Hinblick auf die Familienordnung keine rechtsmissbräuchliche Gestaltung im Sinne des

---

[253] Vgl. *Ahrens*, in: PWW, § 138 Rn. 4 ff.
[254] BGHZ 10, 228, 232; BGHZ 69, 295, 297; BGHZ 141, 357, 361.
[255] BGHZ 86, 82, 88; BGHZ 107, 92, 97.
[256] BGH NJW-RR 1998, 590, 591.
[257] *Medicus*, BGB-AT, Rn. 682; *Wendtland*, in: Bamberger/Roth, § 138 Rn. 16; *Ahrens*, in: PWW, § 138 Rn. 16.
[258] BayObLG NJW 1983, 831, 832; *Dilcher*, in: Staudinger-BGB, § 138 Rn. 564.
[259] BVerfG NJW 2001, 957, 958; Langenfeld/*Milzer*, Rn. 15.

§ 138 BGB sein wenn sich darüber keine Anhaltspunkte dafür ergeben, dass das Verhalten der Vertragsparteien eine sittlich zu missbilligende Handlung darstellt[260]. Hierbei kann eine Gesamtwürdigung der getroffenen Regelungen, der Gründe und Umstände des Zustandekommens der ehevertraglichen Regelungen vorgenommen werden[261]. Den Güterstandswechsel der Ehegatten als eine sittlich zu missbilligende Gestaltung darzustellen, erscheint schwierig.

Der Missbrauch könnte sich allerdings daraus ergeben, dass der Ehevertrag als Missachtung der Interessen der Allgemeinheit bzw. der Interessen Dritter zu qualifizieren ist. Indem die Ehegatten den Güterstand (mehrfach) wechseln, könnten die Rechte Dritter verkürzt werden. Ein Rechtsgeschäft ist auch dann sittenwidrig, wenn hierdurch unangemessene private Vorteile zu Lasten Dritter, insb. der Sozialleistungsträger, erstrebt werden[262]. Denkbar ist etwa, dass sich ein gegenüber Dritten – etwa den Eltern – unterhaltspflichtiger Ehegatte seiner Leistungsfähigkeit dadurch entzieht, dass er aufgrund seiner Zugewinnausgleichsverpflichtung sein gesamtes Vermögen verliert[263].

Auch kommt ein Verstoß gegen § 138 BGB in Betracht, weil es sich bei dem doppelten Güterstandswechsel um ein Instrument zum Missbrauch von Gestaltungsmöglichkeiten, § 42 AO, oder gar der Steuerhinterziehung, § 370 AO,[264] handeln könnte. Doch selbst wenn man dies annähme, was im weiteren Verlauf der Arbeit noch zu untersuchen ist, sind die auf diese Hinterziehung gerichteten

---

[260] BGH NJW 1985, 806, 808.
[261] Langenfeld/*Milzer*, Rn. 70.
[262] *Dilcher*, in: Staudinger-BGB, § 138 Rn. 88.
[263] Etwa in folgender Konstellation könnte der ausgleichspflichtige Ehegatte durch die Güterstandsschaukel leistungsunfähig im unterhaltsrechtlichen Sinne werden: Der Ehegatte hat ein negatives Anfangsvermögen von einer Million Euro. Sein aktuelles Vermögen beträgt (plus) eine Million Euro. Der andere Ehegatte hat keinen Zugewinn erwirtschaftet, sodass sich ein Ausgleichsanspruch von einer Million Euro ergibt. Nach Durchführung des Zugewinnausgleichs ist der ausgleichspflichtige und unterhaltspflichtige Ehegatte vermögenslos. Hat er – etwa wegen Alters – keine Einkünfte mehr, ist er unterhaltsrechtlich nicht leistungsfähig.
[264] Eine Steuerverkürzung als für § 370 AO erforderlicher Erfolg kann grds. auch mittels eines Missbrauchs von Gestaltungsmöglichkeiten eintreten, vgl. *Hellmann*, in: Hübschmann/Hepp/Spitaler, AO § 370 Rn. 147. Etwaige Bedenken gegen eine Anwendung von § 370 AO auf Fälle des Gestaltungsmissbrauchs (etwa *Stahl* StraFo 1999, 223 ff.), sind unbegründet (BGH NStZ 1982, 206). Eine Strafbarkeit kommt zumindest stets dann in Betracht, wenn sich der Verstoß gegen § 42 AO im Kernbereich und der verfestigten Fallgruppen des § 42 AO abspielt (*Fischer*, in: Hübschmann/Hepp/Spitaler, AO § 42 Rn. 59). Von einem im Rahmen der Rechtsprechung verfestigten Verstoß gegen § 42 AO kann bei der Güterstandsschaukel allerdings nicht die Rede sein.

Rechtsgeschäfte nicht grundsätzlich als sittenwidrig im Sinne des § 138 BGB anzusehen[265]. Eine Einstufung derartiger Geschäfte als Rechtsmissbrauch im Sinne des § 138 BGB ist auch nicht erforderlich, da die steuerrechtlichen und strafrechtlichen Sanktionsnormen (etwa §§ 42, 370 AO, § 261 StGB) zur Vermeidung bzw. Pönalisierung solcher Rechtsgeschäfte ausreichen dürften. Gleiches dürfte im Hinblick auf die Interessen Dritter gelten. Gläubiger des ausgleichspflichtigen Ehegatten sind über die Normen der InsO bzw. des AnfG hinreichend geschützt. Auch im Falle von Pflichtteilsberechtigten erfahren diese einen umfassenden Schutz durch entsprechende Normen[266].

Ein Verstoß gegen § 138 BGB liegt damit allein durch die Gestaltung des doppelten Güterstandswechsels nicht vor. In Betracht kommt ein Verstoß gegen die Norm allerdings bei Hinzutreten weiterer Umstände des Einzelfalls.

2. Verstoß gegen § 242 BGB

Die Güterstandsschaukel könnte gegen Treu und Glauben (§ 242 BGB) verstoßen.

Es sollen zunächst die Anwendbarkeit des § 242 BGB im Familienrecht sowie dessen tatbestandliche Voraussetzungen dargestellt werden. Sodann ist die rechtliche Genese der möglichen Vereinbarungen im Bereich des Güterrechts zu betrachten (vgl. sub. aa) um schließlich einen etwaigen Reformbedarf auf dem Bereich der Kernbereichslehre zu untersuchen (vgl. sub. ab).

Auch wenn die Grundsätze lediglich auf das Verhältnis der Ehegatten untereinander Anwendung finden, können sie dennoch einen gewissen Rahmen für die Auslegung derartiger Vereinbarungen darstellen. Gerade im Rahmen der Untersuchung eines Reformbedarfs der Grundsätze der Kernbereichslehre wird sich zeigen, ob das eheliche Güterrecht nach wie vor nahezu uneingeschränkt ehevertraglichen Gestaltungen zugänglich ist.

a) Anwendbarkeit des § 242 BGB im Familienrecht

Über den Wortsinn hinaus ist aus § 242 BGB der das gesamte Rechtsleben beherrschende Grundsatz abzuleiten, dass jedermann in Ausübung seiner Rechte und Erfüllung seiner Pflichten nach Treu und Glauben zu handeln hat[267].

---

[265] BGHZ 14, 25, 30.
[266] Vgl. hierzu Teil 2 sub. B. II. 1.
[267] BGHZ 85, 39, 48; BGHZ 118, 182, 191.

§ 242 BGB gilt unmittelbar für das Schuldrecht einschließlich des Bereicherungsrechts[268]. § 242 BGB gilt darüber hinaus für das gesamte Privatrecht innerhalb und außerhalb des BGB, auch im Familien-[269] und Erbrecht[270].

Gerade die Eigenarten des Familienrechts bestätigen die Auffassung des BGH[271] in besonderer Art die Anwendung von Treu und Glauben auch auf das Familienrecht auszudehnen. In diesem Rechtsgebiet stehen der Treuegedanke und das Gebot der Rücksichtnahme im Vordergrund.

Was im Übrigen Treu und Glauben entspricht, wird entscheidend mitbestimmt durch das in den Grundrechten verkörperte Wertesystem. Die zivilrechtlichen Generalklauseln, insb. der §§ 138, 242 BGB, sind zum „Einfallstor" der Grundrechte in das Zivilrecht geworden[272].

Die Inhaltskontrolle und Gestaltung von Eheverträgen ist weniger nach zivilrechtlichen als nach verfassungsrechtlichen Grundsätzen vorzunehmen.

b) Tatbestandliche Voraussetzungen

§ 242 BGB enthält keine subsumtionsfähigen Tatbestandsmerkmale und keine konkreten Rechtsfolgen. Es handelt sich um eine doppelte Generalklausel, welche in Tatbestand und Rechtsfolgen offen ist[273].

Anerkannt ist jedoch, dass § 242 BGB nur innerhalb von Sonderverbindungen gilt[274]. Diese Voraussetzung ist im weitesten Sinne zu verstehen. Es genügt jeder qualifizierte soziale Kontakt[275]. Dies ist zwischen Eheleuten ohne Zweifel zu bejahen.

Treue bedeutet eine auf Zuverlässigkeit, Aufrichtigkeit und Rücksichtnahme beruhende äußere und innere Haltung gegenüber einem anderen, Glauben das Vertrauen auf eine solche Haltung. Geboten ist eine Rücksichtnahme auf die schutzwürdigen Interessen des anderen Teils sowie ein redliches und loyales Verhalten[276].

---

[268] BGHZ 14, 7, 10; BGHZ 37, 363, 370.
[269] BGH FamRZ 2005, 189, 190; BGH NJW 1989, 1990, 1991; BGH NJW 2003, 510, 510.
[270] BGHZ 4, 91, 96.
[271] BGHZ 4, 186, 188; BGHZ 1, 87, 90.
[272] *Armbrüster*, in: MüKo-BGB, § 138 Rn. 20.
[273] *Schmidt-Kessel*, in: PWW, § 242 Rn. 7.
[274] BGHZ 95, 279, 288; RGZ 160, 349, 357.
[275] *Roth/Schubert*, in: MüKo-BGB, § 242 Rn. 88.
[276] *Schmidt-Kessel*, in: PWW, § 242 Rn. 6; *Roth/Schubert*, in: MüKo-BGB, § 242 Rn. 9.

Schließlich ist stets eine umfassende Interessenabwägung[277] erforderlich. Sämtliche subjektiven Elemente sind zu berücksichtigen. Ein Verschulden ist nicht unabdingbar erforderlich[278], kann aber bei der gebotenen umfassenden Interessenabwägung Bedeutung erlangen[279].

Die weiteren Voraussetzungen orientieren sich an den zu § 242 BGB entwickelten Fallgruppen.

Die Grundrechte betreffen das Verhältnis zwischen Bürger und Staat. Eine unmittelbare Drittwirkung kommt ihnen nach allgemeiner Meinung nicht zu[280]. Auch wenn Grundrechte nicht unmittelbar zwischen Privatpersonen gelten, wirken die in ihnen enthaltenen Wertentscheidungen über die privatrechtlichen Normen und Rechtsgrundsätze auf das Privatrecht ein (mittelbare Drittwirkung)[281].

aa) Entwicklung der Kernbereichslehre

Die grds. bestehende Ehevertragsfreiheit (§ 1408 BGB)[282] führte in der Vergangenheit dazu, dass nahezu jede Vereinbarung zu Scheidungsfolgen, etwa auch ein weitgehender oder gar gänzlicher Ausschluss der gesetzlichen Scheidungsfolgen einschließlich des nachehelichen Unterhalts und trotz Vorliegens einer Drucksituation bei Vertragsschluss nicht beanstandet wurde („volle Vertragsfreiheit")[283]. In problematischen Fällen wurde ein Korrektiv dadurch erreicht, dass der begünstigte Ehegatte nach § 242 BGB sich nicht auf einen Verzicht sollte berufen dürfen, wenn und soweit das Wohl eines zu betreuenden, gemeinsamen Kindes Unterhaltsansprüche des betreuenden Elternteils erforderlich machte[284] oder nach § 138 Abs. 1 BGB, wenn der Verzicht offenkundig und subjektiv zu Lasten eines Sozialleistungsträgers konstruiert war. Im Ergebnis führte die Korrektur über

---

[277] BGHZ 135, 333, 337.
[278] BGH NJW 2009, 1343, 1345.
[279] *Schmidt-Kessel*, in: PWW, § 242 Rn. 39.
[280] Vgl. nur BAGE 47, 374; BAGE 48, 138.
[281] BAG NJW 2011, 1306. 1308, Rn. 36 ff.; BGH NJW 1999, 1326, 1326; *Grüneberg*, in: Palandt, § 242 Rn. 9.
[282] Grundlegend BGH FamRZ 1996, 1536, 1536 ff.; BGH FamRZ 1992, 1403, 1404; siehe aber auch BGH FamRZ 1991, 306, 307 und BGH FamRZ 1985, 788, 789, der es einem Ehegatten verwehrt, sich auf einen an sich wirksamen Unterhaltsverzicht zu berufen, wenn dies wegen später eingetretener Entwicklungen dem Grundsatz von Treu und Glauben widersprechen würde.
[283] BGH NJW 1990, 126, 127; BGH FamRZ 1997, 156, 157; *Kanzleiter*, in: MüKo-BGB, § 1408 Rn. 33; *Grziwotz* FamRZ 1997, 585, 587; kritisch jedoch bereits *Büttner* FamRZ 1998, 1, 4.
[284] Vgl. insb. BGH NJW 1985, 1835, 1836; BGH NJW 1997, 192, 192 f.

§ 242 BGB zum „notwendigen Unterhalt", diejenige über § 138 Abs. 1 BGB zur Anwendung der gesetzlichen Scheidungsfolgen.

Durch zwei Entscheidungen des BVerfG, dem Urteil vom 06.02.2001[285], und dem Beschluss vom 29.03.2001[286], wurde die zuvor nahezu schrankenlos anerkannte Ehevertragsfreiheit erheblich relativiert. Durch diese Entscheidungen des BVerfG wurde die bis dahin als nahezu sakrosankt geltende Vertragsfreiheit auf dem Gebiet des Ehevertragsrechts eingeschränkt[287].

Wer allerdings die Rechtsprechung des BVerfG auf anderen Rechtsgebieten beobachtet hatte, konnte von den Entscheidungen des Jahres 2001 nicht völlig überrascht sein. Erwähnt seien nur die unter den Stichworten „gestörte Vertragsparität" oder „vertragliche Disparität" ergangenen Entscheidungen zum entschädigungslosen Wettbewerbsverbot von Handelsvertretern[288], zur Inhaltskontrolle von Bürgschaften[289] und zum Recht der allgemeinen Geschäftsbedingungen.

Die Grundsatzentscheidungen des BVerfG gelten vor dem Hintergrund seiner Auffassung von der Gleichstellung von Erwerbs- und Familienarbeit[290] sowie seinem Dogma von einer grds. gleichen Teilhabe am gemeinsam Erwirtschafteten[291].

Das BVerfG führt aus, dass es bei einseitiger Aufbürdung vertraglicher Lasten (=objektiv benachteiligend) und Ausnutzung einer erheblich ungleichen Verhandlungsposition eines Vertragspartners (=subjektives Dominieren) aus grundrechtlicher Sicht (Art. 2 Abs. 1 GG) Aufgabe der staatlichen Gerichtsbarkeit sei, durch vertragliche Inhaltskontrolle und Korrekturen über zivilrechtliche Generalklauseln zu verhindern, dass sich für den unterlegenen Vertragsteil die Gestaltungs-

---

[285] BVerfG FamRZ 2001, 343.
[286] BVerfG FamRZ 2001, 985.
[287] Vgl. auch BGH FamRZ 2014, 1364, wonach zum Zeitpunkt einer notariellen Beurkundung am 25.10.2000 aufgrund der seinerzeitigen Rechtslage oder sicher absehbarer Änderungen der Rechtslage es nicht erkennbar war, dass im Fall der Änderung der in Gestalt eines getrennten Versorgungsaufbaus geplanten ehelichen Verhältnisse der in dem Ehevertrag vereinbarte Ausschluss des Versorgungsausgleichs nach § 242 BGB nicht oder jedenfalls nicht in vollem Umfang wirksam war.
[288] BVerfG NJW 1990, 1469, 1470.
[289] BVerfG NJW 1994, 36, 37.
[290] BVerfG FamRZ 2002, 527, 529.
[291] BVerfG FamRZ 2003, 1173 zur gleichberechtigten Teilhabe der Eheleute an dem in der Ehe erworbenen Versorgungsvermögen; vgl. insb. auch *Dauner-Lieb* FF 2004, 65; *dies.* AcP 210 (2010), 580, insb. 591 ff., die dezidiert für eine Ausweitung auf das Güterrecht eintritt.

freiheit in Fremdbestimmung verkehre und es deswegen zu einer unangemessenen Benachteiligung durch den Ehevertrag komme[292]. Der Ehevertragsfreiheit seien verfassungsrechtlich dort Grenzen gesetzt, wo Vertragsfreiheit nicht Ausdruck und Ergebnis gleichberechtigter Lebensgemeinschaft sei, sondern Mittel zur Durchsetzung der einseitigen Dominanz eines Ehegatten aufgrund ungleicher Verhandlungspositionen.

Das BVerfG legt damit bereits die Struktur, die Grundlage jeder Prüfung im Wege der richterlichen Inhaltskontrolle ist, fest:

Zum einen müssen objektive Kriterien ermittelt werden, beispielsweise krasses Ungleichgewicht, Ausdruck und Ergebnis gleichberechtigter Lebenspartnerschaft, Verbot einseitiger ehelicher Lastenverteilung.

Zum zweiten ist eine subjektive Seite zu berücksichtigen, insb. eine strukturelle Unterlegenheit beim Vertragsschluss, einseitige Dominanz, eine ungleiche Verhandlungsposition, Umkehrung der Selbstbestimmung in eine Fremdbestimmung, Unterlegenheitsposition.

Zusätzlich behandelt das BVerfG selbstständig das Interesse des Kindeswohls, wenn es (insoweit wörtlich) formuliert[293]:

„Darüber hinaus hat das OLG den Schutz aus Art. 6 Abs. 2 GG außer Acht gelassen, der vertraglichen Abreden von Eltern im Interesse des Kindeswohls Grenzen setzt. Zur Verantwortung der Eltern gehört nach Art. 6 Abs. 2 S. 1 GG, für einen angemessenen Unterhalt des Kindes zu sorgen und seine Betreuung sicherzustellen, auch für den Fall der Scheidung."

Damit wird eine zivilrechtliche Frage, nämlich ob ein Ehevertrag (oder eine Scheidungsvereinbarung) wirksam oder zu beanstanden ist, öffentlich-rechtlich und mit Kategorien des Staatsrechts beantwortet.

Eine ungleiche Verhandlungsposition (Disparität bei Vertragsschluss) zwischen den Verhandlungspartnern kann insb. in folgenden Konstellationen vorliegen:

Zum einen kommt eine Disparität dann in Betracht, wenn eine strukturelle Unterlegenheit eines Ehegatten gegenüber dem anderen Ehegatten etwa infolge einer bestehenden Schwangerschaft oder aufgrund mangelnder Sprachkenntnisse bzw.

---

[292] BVerfG FamRZ 2001, 343; BVerfG FamRZ 2001, 985, 985.
[293] BVerfG FamRZ 2001, 343, 347.

einer Abschiebesituation vorliegt. Sie kommt auch dann in Betracht, wenn zwischen den (künftigen) Ehegatten etwa aufgrund erdrückender wirtschaftlicher Überlegenheit des einen Vertragsteils, eine einseitige Dominanz besteht. Kann der durch den Vertragsschluss begünstigte Ehegatte den Vertrag faktisch frei bestimmen, ohne dass der Ehepartner ein wesentliches Mitspracherecht am Vertragsinhalt hat, liegt gleichfalls regelmäßig eine Disparität bei Vertragsschluss vor. Von dieser ist auch auszugehen, wenn die unterlegene Verhandlungsposition des einen Ehegatten zu einer objektiv einseitigen Lastenverteilung und damit zu dessen unangemessener Benachteiligung führt.

Neben der Komponente der grundrechtlich überlagerten Vertragsfreiheit der Ehegatten zur Gestaltung ihrer Beziehungen untereinander tritt diejenige des Kindeswohls, also einer möglichen Drittwirkung der vertraglichen Vereinbarungen auf ein gemeinsames Kind. Auf dieser Ebene geht es nicht um eine einseitige Dominanz und ein krasses Ungleichgewicht der elterlichen Vertragsbeziehungen, sondern um den Schutz der Rechte des Kindes.

Im Anschluss an diese Vorgaben des BVerfG entwickelte der BGH[294] eine sog. „Kernbereichslehre"[295]. Die Grundsätze gelten nicht nur für Eheverträge, sondern auch für Scheidungs- und Trennungsvereinbarungen[296], auch gerichtlich protokollierte Scheidungsfolgenvereinbarungen[297], nachehelich getroffene Vereinbarungen[298] und Verträge in einer eingetragenen Lebenspartnerschaft (§§ 7, 16 LPartG, § 1585c BGB).

Danach unterliegen die gesetzlichen Regelungen über nachehelichen Unterhalt, Zugewinn und Versorgungsausgleich zwar grds. der vertraglichen Disposition der Ehegatten. Einen unverzichtbaren Mindestgehalt an Scheidungsfolgen zugunsten des berechtigten Ehegatte kennt das geltende Recht nicht[299].

---

[294] FamRZ 2004, 601, 608 und sodann in ca. 20 Folgeentscheidungen, etwa FamRZ 2005, 26; FamRZ 2005, 185; FamRZ 2005, 691; FamRZ 2005, 1444; FamRZ 2006, 1359; FamRZ 2007, 197; FamRZ 2007, 450; FamRZ 2007, 974; FamRZ 2007, 1157; FamRZ 2008, 386, 387; FamRZ 2008, 582; FamRZ 2008, 2011; FamRZ 2009, 198; FamRZ 2009, 1041, FamRZ 2011, 1377; FamRZ 2013, 195; FamRZ 2013, 269; FamRZ 2013, 770; FamRZ 2014, 629; FamRZ 2014, 1978.
[295] Ein Terminus, der vom BGH selbst nur in einer Entscheidung verwandt wurde: BGH NJW 2013, 457, 459.
[296] *Bergschneider* FamRZ 2001, 1337, 1338; *Schwab* in Anm. zu BVerfG FamRZ 2001, 343, 350; *Borth* in Anm. zu BGH FamRZ 2004, 601, 609.
[297] OLG Thüringen FamRZ 2007, 2079.
[298] OLG München FamRZ 2005, 215, 215f.
[299] BGH FamRZ 2008, 386, 387; BGH FamRZ 2014, 1978, 1980.

Die grundsätzliche Disponibilität der Scheidungsfolgen darf jedoch nicht dazu führen, dass der Schutzzweck der gesetzlichen Regelungen durch vertragliche Vereinbarungen beliebig unterlaufen werden kann. Dies ist der Fall, wenn durch vertragliche Vereinbarungen eine evident einseitige und durch die individuelle Gestaltung der ehelichen Lebensverhältnisse nicht gerechtfertigte Lastenverteilung entstünde, die hinzunehmen für den belasteten Ehegatten – bei angemessener Berücksichtigung seiner Belange und seines Vertrauens in die Geltung der getroffenen Abrede – nach verständiger Würdigung des Wesens der Ehe unzumutbar erscheint.

Zunächst ist im Rahmen einer Wirksamkeitskontrolle zu überprüfen, ob die Vereinbarung schon zum Zeitpunkt ihres Zustandekommens offenkundig zu einer derart einseitigen Lastenverteilung für den Scheidungsfall führt, dass hier, und zwar losgelöst von der künftigen Entwicklung der Ehegatten und ihrer Lebensverhältnisse, wegen Verstoßes gegen die guten Sitten die Anerkennung der Rechtsordnung ganz oder teilweise mit der Folge der Nichtigkeit zu versagen ist (§ 138 Abs. 1 BGB).

Um eine vom gesetzlichen Scheidungsfolgenrecht abweichende Vereinbarung als evident einseitige Lastenverteilung ansehen zu können, bedarf es einer wertenden Betrachtung des Schutzgehalts der einzelnen Elemente des Scheidungsfolgenrechts. Die Belastungen des einen Ehegatten werden dabei umso schwerer wiegen und die Belange des anderen Ehegatten umso genauerer Prüfung bedürfen, je unmittelbarer die vertragliche Abbedingung gesetzlicher Regelungen in den Kernbereich des Scheidungsfolgenrechts eingreift[300]. Die Scheidungsfolgen stehen nach dieser Lehre in einer Hierarchie, die für die Dispositionsmöglichkeiten bedeutsam sind.

Auf der ersten Stufe steht der Unterhalt wegen Kinderbetreuung gem. § 1570 BGB. Auf Unterhalt wegen Kindesbetreuung kann grds. nicht verzichtet werden. Dieser hochrangig anzusiedelnde Unterhaltsanspruch ist nur in gewissen Grenzen der Modifizierung nach Dauer und Höhe zugänglich[301]. Nach der Rechtsprechung des BGH[302] kann der Betreuungsunterhalt abweichend von den gesetzlichen Vorschriften geregelt werden und muss nicht immer den eheangemessenen Unterhalt erreichen.

---

[300] Eingehend BGH FamRZ 2007, 1310 ff.; *Dauner-Lieb* AcP 201 (2001), 295, 319 ff.
[301] BGH FamRZ 2014, 629; FamRZ 2011, 1377, 1379.
[302] FamRZ 2006, 1359, 1361 f.; FamRZ 2005, 1444, 1446 ff.

Auf der zweiten Stufe stehen der Alters- und Krankheitsunterhalt nebst jeweils zugehörigem Vorsorgeunterhalt (§§ 1571, 1572 BGB); Versorgungsausgleich. Dem Alters- und Krankheitsunterhalt kommt ein hoher Rang zu, weil Ehegatten in diesen Fällen nicht mehr in der Lage sind, durch eigene Erwerbstätigkeit ihren angemessenen Unterhalt zu sichern.

Auf der gleichen Stufe wie der Alters- und Krankenunterhalt stehen die Krankenvorsorge- und Altersvorsorgeunterhaltsansprüche. Vorsorgeunterhaltsansprüche stehen auf der gleichen Stufe wie Ansprüche, von denen sie sich ableiten. Das Unterhaltsrecht will Risiken, die ein Ehegatte im Rahmen der gemeinsamen Lebensplanung der Ehe willen auf sich genommen hat und die sich bei Trennung bzw. Scheidung verwirklichen, gleichmäßig auf die Ehegatten verteilen. Diese Lastenverteilung beschränkt sich nicht nur auf den Elementar-, sondern auch auf den Vorsorgeunterhalt.

Der Versorgungsausgleich ist als vorweggenommener Altersunterhalt zu werten[303] und rangiert auf derselben Rangstufe wie der Altersunterhalt.

Auf der dritten Stufe stehen Ansprüche nach §§ 1573, 1575 und 1576 BGB nebst zugehöriger Vorsorgeunterhalte. Am ehesten verzichtbar sind Ansprüche wegen Erwerbslosen-, Aufstockungs-, Ausbildungs- und Billigkeitsunterhalt[304]. Sie rechtfertigen schon nach ihrer geringen Bedeutung im System der Scheidungsfolgen das Verdikt des § 138 BGB regelmäßig nicht. Insbesondere auch der Erwerbslosenunterhalt ist weitgehend disponibel, da bereits § 1573 Abs. 4 BGB das Risiko der Erwerbslosigkeit auf den Berechtigten verlagert.

Schließlich stehen auf der letzten Stufe der Zugewinnausgleich, erb- und pflichtteilsrechtliche Regelungen[305] und sonstige vermögensrechtliche Ausgleichsregelungen. Der Zugewinnausgleich wird vom Kernbereich des Scheidungsfolgenrechts nicht umfasst. Er ist der ehevertraglichen Gestaltungsfreiheit am weitesten zugänglich. Die Beteiligten machen von einem ausdrücklich eingeräumten Wahlrecht des Güterstands Gebrauch, indem sie sich von den vorgegebenen Möglichkeiten für denjenigen Güterstand entscheiden, der ihrem geplanten Ehezuschnitt und ihren wirtschaftlichen und persönlichen Gegebenheiten am ehesten ent-

---

[303] BVerfG FamRZ 1980, 326, 326 ff.
[304] BGH FamRZ 2015, 1444.
[305] OLG Koblenz FamRZ 2004, 805; Bergschneider, Richterliche Inhaltskontrolle, S. 73 f. (höchstrichterlich jedoch noch nicht entschieden).

spricht. So wird insbesondere bei einem selbstständig Tätigen es als legitim angesehen, die wirtschaftliche Substanz des Unternehmens zu erhalten und nicht durch etwaige existenzbedrohende Ausgleichszahlungen zu gefährden und damit das Unternehmen etwa durch Vereinbarung von Gütertrennung oder der Modifizierung des gesetzlichen Güterstands dem Zugewinn zu entziehen[306].

Die Stufung der Disponibilität bedeutet, dass, je unmittelbarer eine ehevertragliche Vereinbarung in den Kernbereich des Scheidungsfolgenrechts eingreift, die daraus resultierende Belastung für den Verpflichtenden ansteigt. Je dringlicher andererseits die Ergebnisse der gesetzlichen Scheidungsfolge für die Existenzsicherung des Berechtigten sind, desto geringer ist die vertragliche Dispositionsmöglichkeit[307].

Für die hier zu betrachtende Konstellation ist zu berücksichtigen, dass der Zugewinnausgleich nach h. M. nicht vom Kernbereich des Scheidungsfolgenrechts umfasst und letztlich an letzter Stelle der Rangstufe steht. Er erweist sich bei isolierter Betrachtung ehevertraglichen Regelungen am weitesten gestaltbar[308].

Die höher einzustufende Wertigkeit des Unterhalts und des Versorgungsausgleichs wird im Wesentlichen damit begründet, dass der Zugewinnausgleich lediglich auf eine einmalige Ausgleichsleistung gerichtet ist, während Unterhalt und Versorgungsausgleich, letzterer als Variante des Altersunterhalts durch ihren rentenartigen Leistungscharakter, den Bedarf des Berechtigten sichern. Das Güterrecht ist kein Ausgleichssystem zur Regelung aktueller Bedarfslagen. Die eheliche Lebensgemeinschaft ist nicht notwendig auch eine Vermögensgemeinschaft[309]. Auch das Gebot ehelicher Solidarität fordert keine wechselseitige Vermögensbeteiligung der Ehegatten. Ihrer gegenseitigen Verantwortung trägt bei Versorgungsbedürfnissen das Unterhaltsrecht Rechnung. Demgegenüber knüpft das Güterrecht nicht an Bedarfslagen an. Die Gewinnbeteiligung im Zugewinn hat keine unterhaltsrechtliche Funktion[310].

---

[306] BGH FamRZ 2013, 269, 270; BGH FamRZ 2008, 386, 389 f.; BGH FamRZ 2007, 1310, 1311 f.
[307] BGH FamRZ 2013, 195; BGH FamRZ 2013, 770; BGH FamRZ 2011, 1377; eingehend zur Ehevertragsrechtsprechung des BGH *Südt* FuR 2014, 92 ff. und FuR 2014, 155 ff.
[308] BGH NJW 2013, 457; BGH FamRZ 2004, 601, 605, 608; BGH FamRZ 2005, 1444, 1448; BGH FamRZ 2007, 1310, 1311 (jeweils für die Vereinbarung der Gütertrennung); vgl. auch *Bergschneider* FamRZ 2013, 201.
[309] *Schwab* DNotZ 2001, 9, 16.
[310] Vgl. hierzu auch *Kanzleiter* FamRZ 2014, 998 ff.

Der BGH[311] stellt ausdrücklich fest:

„Der Zugewinnausgleich erweist sich ehevertraglicher Disposition am weitesten zugänglich. Das Eheverständnis erfordert, worauf Schwab[312] mit Recht hingewiesen hat, keine bestimmte Zuordnung des Vermögenserwerbs in der Ehe. Die eheliche Lebensgemeinschaft war und ist [...] nicht notwendig auch eine Vermögensgemeinschaft [...] Schließlich erfordert auch das Gebot ehelicher Solidarität keine wechselseitige Vermögensbeteiligung der Ehegatten: [...] Grob unbillige Versorgungsdefizite, die sich aus den für den Scheidungsfall getroffenen Absprachen der Ehegatten ergeben sind [...] vorrangig im Unterhaltsrecht [...] und allenfalls hilfsweise durch Korrektur der von den Ehegatten gewählten Vermögensordnung zu kompensieren."

Der Auffassung, eine Ausübungskontrolle von Vereinbarungen unter Ehegatten für den Fall der Scheidung nach § 242 BGB könnten auf die Vereinbarung von Gütertrennung nicht angewendet werden, weil es sich dabei nicht um eine Vereinbarung des Verzichts auf schuldrechtliche Ansprüche (oder andere Rechte) handele, sondern um die Wahl eines neuen Güterstandes anstelle des gesetzlichen Güterstandes der Zugewinngemeinschaft, sodass aufgrund dieser „statusbildenden" Maßnahme die Rechtsfolgen des gesetzlichen Güterstandes ohne Weiteres und kraft Gesetzes entfielen[313] kann nicht durchgreifen, weil die vom dispositiven gesetzlichen Güterstand abweichende Gütertrennung gerade nicht auf dem Gesetz sondern der geschlossenen Vereinbarung beruht.

Zu beachten ist allerdings, dass die den Erwägungen des BVerfG und des BGH zugrunde liegenden gesetzlichen und gesellschaftlichen Verhältnisse sich in den letzten Jahren teilweise erheblich geändert haben:

Das BVerfG[314] hatte sich mit einem teilweisen Verzicht unter anderem auf nachehelichen Unterhalt in privatschriftlicher Form zu befassen. Die damals nicht bestehende Formbedürftigkeit für Vereinbarungen über den nachehelichen Unterhalt nahm das BVerfG zum Anlass, den damit fehlenden Schutz vor Übervorteilung eines Vertragsteils zu beanstanden[315].

---

[311] FamRZ 2004, 601, 605 ff.
[312] DNotZ 2001, Sonderheft Deutscher Notartag, 9, 16.
[313] *Braeuer* FamRZ 2014, 77, 79.
[314] FamRZ 2001, 343.
[315] BVerfG FamRZ 2001, 343, 346.

Mit der am 01.01.2008 in Kraft getretenen Unterhaltsreform ist in § 1585c S. 2 BGB eine weitreichende Formbedürftigkeit eingeführt worden, sodass sich eine vergleichbare Konstellation wie sie der Entscheidung des BVerfG zugrunde lag, nicht mehr ergeben kann.

Die Entscheidungen des BVerfG aus dem Jahr 2001[316] betrafen Verträge aus den Jahren 1976 bzw. 1985. In Bezug auf die damalige gesellschaftliche Situation verweist das BVerfG darauf, dass sich eine werdende Mutter für ihre Nichtheirat unter Rechtfertigungsdruck fühlen musste und verweist auch auf das Phänomen der höheren Sterblichkeit nicht ehelicher Säuglinge[317]. Berücksichtigt man, dass sich in den letzten Jahren und Jahrzehnten der Anteil außerehelicher Geburten vervielfacht hat, kann von einem Rechtfertigungsdruck oder einem Stigma der nicht ehelichen Mutter heute kaum noch die Rede sein, sodass auch dieser Aspekt weitgehend überholt ist.

Das vom BVerfG gleichfalls herangezogene Argument der Schlechterstellung der nicht ehelichen Mutter im Vergleich zur ehelichen Mutter aufgrund der unterschiedlichen Regelungen in den damals geltenden § 1615l BGB einerseits und § 1570 BGB andererseits, greift nicht mehr nachdem im Unterhaltsänderungsgesetz die Ansprüche wegen Betreuung minderjähriger Kinder in den vorgenannten Vorschriften weitestgehend angeglichen sind.

Ist die Vereinbarung nicht schon nach § 138 BGB unwirksam und sittenwidrig[318], kann die Berufung auf sie gleichwohl gegen Treu und Glauben verstoßen. Im Rahmen der Ausübungskontrolle ist zu prüfen, ob und inwieweit ein Ehegatte die ihm durch die Vereinbarung eingeräumte Rechtsmacht missbraucht (§ 242 BGB), wenn er sich im Scheidungsfall gegenüber einer vom anderen Ehegatten begehrten Scheidungsfolge darauf beruft, dass diese Rechtsfolge durch die Vereinbarung wirksam abbedungen sei (Ausübungskontrolle)[319]. Voraussetzung ist auch hier eine evident einseitige Lastenverteilung deren Eintritt aber weder vorhergesehen noch als unvermeidbar eingestuft wurde. Die nach Treu und Glauben gebotene

---

[316] FamRZ 2001, 343 und FamRZ 2001, 985.
[317] BVerfG FamRZ 2001, 343, 346.
[318] Dies kommt nur noch selten in Betracht, vgl. OLG München FamRZ 2014, 805, 808.
[319] BGH FamRZ 2014, 1978, 1980; BGH FamRZ 2011, 1377; BGH FamRZ 2012, 525.

Vertragsanpassung soll sicherstellen, dass der Ehegatte nicht einseitig mit Nachteilen belastet bleibt und andererseits darf er nicht bessergestellt werden als er ohne die Ehe und die daraus folgenden Nachteile stünde[320].

Das Scheidungsfolgenrecht unterscheidet grds. streng zwischen Unterhalt und Zugewinnausgleich, aber auch zwischen Versorgungsausgleich und Zugewinnausgleich[321]. Dem Versorgungsausgleich unterliegt das in den Anrechten auf Versorgung wegen Alters oder Berufs- oder Erwerbsunfähigkeit bestehende Versorgungsvermögen, dem Zugewinn das sonstige Vermögen. Nachteile, die ein haushaltführender Ehegatte beim Aufbau von Versorgungsanrechten erlitten hat, werden regelmäßig im Rahmen der Ausübungskontrolle systemgerecht durch eine Anpassung der Vereinbarungen zum Versorgungsausgleich erzielt werden können[322]. Führt der Versorgungsausgleich bereits zu einer Halbteilung der von den Ehegatten in der Ehezeit erworbenen Versorgungsanrechte, besteht für eine Ausübungskontrolle bezüglich der Vereinbarung zur Gütertrennung kein Anlass mehr, auch dann nicht, wenn die ehebedingten Versorgungsnachteile durch einen Versorgungsausgleich nicht vollständig kompensiert werden konnten[323].

ab) Reformbedarf bei der Kernbereichslehre

Der BGH[324] hat mehrfach erkannt, dass der Zugewinnausgleich kernbereichsfern sei und eine Vereinbarung von Gütertrennung im Regelfall unantastbar sei. Begründet wird dies mit dem hohen Rang der den Eheleuten eingeräumten Privatautonomie, die nur von einer ausdrücklich im Gesetz eröffneten Gestaltungsmöglichkeit Gebrauch machten[325].

Diese Rechtsprechung des BGH steht in einem deutlichen Spannungsverhältnis dazu, dass der BGH im Personengesellschaftsrecht Abfindungsklauseln einer Inhaltskontrolle unterwirft und einen vollständigen Abfindungsausschluss insb. in Kombination mit Kündigungsklauseln für den Regelfalls kritisch ansieht[326]. In der

---

[320] BGH FamRZ 2014, 1978, 1980; BGH FamRZ 2013, 770; BGH FamRZ 2007, 974.
[321] Eingehend BGH FamRZ 2008, 286.
[322] BGH FamRZ 2008, 286.
[323] BGH FamRZ 2014, 1978, 1981; BGH FamRZ 2013, 269.
[324] BGH NJW 2004, 930, 933 und ständig; zuletzt BGH NJW 2013, 457 (vgl. Teil 2 sub. B. I. 2. b). aa).
[325] BGH FamRZ 2004, 601, 605, 608; BGH FamRZ 2008, 2011, Rn. 19; BGH NJW 2013, 457, Rn. 17; vgl. auch *Kogel* FF 2013, 124; *Bergschneider* FamRZ 2013, 201.
[326] Eingehend *Dauner-Lieb*, in: FS Brudermüller, 99, 102; *Sanders*, Statischer Vertrag, S. 180 ff.

Literatur wurde anlässlich der Umsetzung der Entscheidungen des BVerfG vom 06.02.2001[327] und vom 29.03.2001[328] kritisiert, dass der zweite Zivilsenat des BGH damit ausscheidende Gesellschafter viel fürsorglicher behandelt als der zwölfte Zivilsenat geschiedene Eheleute[329].

Mit Inkrafttreten des Unterhaltsänderungsgesetzes zum 01.01.2008[330] ist zudem eine deutliche Schärfung der Erwerbsobliegenheit des unterhaltsberechtigten Ehegatten einhergegangen (deutlichere Akzentuierung der wirtschaftlichen Eigenverantwortung geschiedener Eheleute in § 1569 BGB, grundsätzlich früher einsetzende Erwerbsobliegenheit des kinderbetreuenden Ehegatten nach § 1570 BGB etc.). Damit wird das Versorgungsniveau des bisher Familienarbeit leistenden Ehegatten „gedrückt"[331]. Korrespondierend mit der reduzierten Bedeutung des (nachehelichen) Unterhalts gewinnen güterrechtliche Ansprüche für den Ehegatten an Bedeutung.

Die Kernbereichslehre und vornehmlich die Kernbereichsferne des Zugewinnausgleichs sind auch vor diesem Hintergrund zunehmend kritisiert worden mit dem Postulat der Aufgabe der Kernbereichslehre[332] oder jedenfalls mit dem Gebot einer teleologischen Weiterentwicklung[333].

Der BGH[334] betont weiterhin die güterrechtliche Vertragsfreiheit der Ehegatten (§ 1408 BGB), die das Recht umfasse, den von ihnen als unbillig oder unbefriedigend empfundenen Verteilungsergebnissen des gesetzlichen Güterstandes durch eine eigenverantwortliche Gestaltung ihrer Vermögenssphäre zu begegnen und in diesem Rahmen auch eigene ökonomische Bewertungen oder Beiträge zum Familienunterhalt vornehmen zu können[335]. Die Verfassung verlange keine ökonomische Gleichbewertung derjenigen Beiträge, die von den Ehegatten während bestehender Ehe im Unterhaltsverband erbracht worden seien[336].

---

[327] BVerfG FamRZ 2001, 343.
[328] BVerfG FamRZ 2001, 985.
[329] *Dauner-Lieb* AcP 201 (2001), 295, 312; zuletzt *Dauner-Lieb*, in: FS Brudermüller, 99, 102.
[330] Gesetz zur Änderung des Unterhaltsrechts vom 21.12.2007, BGBl. 2007 I 3189.
[331] *Dauner-Lieb*, in: FS Brudermüller, 99, 102.
[332] Vgl. insgesamt *Wiemer*, Inhaltskontrolle von Eheverträgen.
[333] Vgl. auch *Brudermüller*, in: FS Hahne, S. 121 ff.
[334] NJW 2013, 457.
[335] BGH NJW 2013, 457, 458, Rn. 20.
[336] BGH NJW 2013, 457, 459.

In dieser apodiktischen Form erscheint diese Auffassung fraglich. Das BVerfG hat sich deutlich zur Bewertung der Familienarbeit positioniert und die Gleichwertigkeit von Familienarbeit und Erwerbsarbeit betont[337]. Danach schützt das GG die Ehe gem. Art. 6 Abs. 1, Art. 3 Abs. 2 GG nur als partnerschaftliche, gleichberechtigte Gemeinschaft der Ehegatten[338]. Die Ehegatten haben danach gleiches Recht und gleiche Verantwortung bei der Ausgestaltung ihres Ehe- und Familienlebens. Im Rahmen der von ihnen in gemeinsamer Entscheidung getroffenen Arbeits- und Aufgabenzuweisung sind die jeweiligen Beiträge unabhängig von ihrer ökonomischen Bewertung als gleichwertig anzusehen. Sind die Leistungen, die Ehegatten im gemeinsamen Unterhaltsverbund erbringen, gleichwertig, haben sie grds. auch Anspruch auf gleiche Teilhabe am gemeinsam Erwirtschafteten, sowohl während des ehelichen Zusammenlebens als auch nach Trennung und Scheidung[339]. Der Teilhabegedanke und Teilhabeanspruch hat in der Rechtsprechung des BVerfG damit deutlich höheres Gewicht als in den Entscheidungen des BGH zur Kernbereichslehre[340].

Insbesondere bei Konstellationen der sog. Funktionsäquivalenz muss man ein Hinübergreifen auf das andere vermögensbezogene Ausgleichssystem im Rahmen der Ausübungskontrolle als geboten erachten[341]. Dies ist etwa anzunehmen, wenn ein haushaltführender Ehegatte, der zu Gunsten der Familienarbeit auf die Ausübung einer versorgungsbegründenden Erwerbstätigkeit verzichtet hat, im Fall der Scheidung durch den Versorgungsausgleich keine Kompensation für seine Nachteile beim Aufbau von Versorgungsvermögen erlangt, weil sein (selbstständig) erwerbstätiger Ehegatte aufgrund seiner individuellen Vorsorgestrategie keine (nennenswerten) Versorgungsanrechte erworben, sondern seine Altersvorsorge bei vereinbarter Gütertrennung allein auf die Bildung von Privatvermögen gerichtet hat und bezogen auf dieses Privatvermögen wegen vereinbarter Gütertrennung eine Partizipation des anderen Ehegatten grds. nicht in Betracht kommt. In solchen Fällen ist es oftmals geboten, dem haushaltführenden Ehegatten zum Ausgleich für die entgangenen Versorgungsanrechte einen (modifizierten) Zugewinnausgleich zu gewähren, der einerseits durch den zum Aufbau der

---

[337] BVerfG NJW 2002, 1185, 1185; BVerfG NJW 2003, 2819, 2820.
[338] BVerfGE 61, 319, 347; BVerfGE 103, 89, 101; BVerfG NJW 2002, 1185, 1185; BVerfG NJW 1974, 227, 229.
[339] Eingehend *Dauner-Lieb*, in: FS Brudermüller, 99, 109.
[340] Zuletzt BGH NJW 2013, 457 ff.
[341] BGH FamRZ 2014, 1978, 1981; BGH FamRZ 2013, 1366; BGH FamRZ 2013, 269; OLG Karlsruhe FamRZ 2015, 500, 500 f.

entgangenen Versorgungsanrechte erforderlichen Betrag und andererseits durch die gesetzliche Höhe des Ausgleichsanspruchs beschränkt ist[342].

In derartigen Konstellationen kann nur der Zugewinnausgleich funktional die Rolle des Versorgungsausgleichs, der auch nach Auffassung des BGH dem Kernbereich der Scheidungsfolgen unterfällt[343]. Die kompensationslose Vereinbarung der Gütertrennung in der Unternehmerehe ist jedenfalls dann kritisch zu beurteilen, wenn insbesondere keine angemessene Altersversorgung des Unternehmerehegatten besteht[344]. Hier kann es geboten sein, den Unternehmerehegatten an dem Privatvermögen des unternehmerisch tätigen Ehegatten, das er außerhalb des unternehmerischen Vermögens während der Ehe insoweit gebündelt hat, als es der Altersversorgung dient, teilhaben zu lassen[345].

Bis zur Entwicklung des Systems der Inhaltskontrolle von Eheverträgen durch den BGH[346] wurde nahezu einhellig von einer unantastbaren vollen Ehevertragsfreiheit[347] ausgegangen. Die anwaltliche und notarielle Beratungspraxis tut gut daran, die seit 2004 entwickelte Kernbereichslehre und insb. Kernbereichsferne des Zugewinnausgleichs, wie sie vom BGH (bislang) vertreten wurde, nicht als sakrosankt anzusehen. Dies gilt umso mehr als der BGH bereits offengelassen hat, inwiefern von einer Kernbereichsferne des Zugewinnausgleichs in Fällen der Funktionsäquivalenz ausgegangen werden kann[348]. Nachdem das OLG Karlsruhe nunmehr bereits betont hat, dass der Ausschluss des Zugewinns eine objektiv einseitige Lastenverteilung darstellen kann, ist nicht ohne weiteres davon auszugehen, dass der BGH seine bisherige Rechtsprechung beibehält[349]. Dies sollte auch seinen Niederschlag in notariellen Vereinbarungen zur Güterstandsschaukel (vgl.

---

[342] BGH FamRZ 2014, 1978, 1981 unter zumindest teilweiser Aufgabe von BGH FamRZ 2008, 386; vgl. auch *Münch* FamRB 2008, 350, 354; *Bergschneider* FamRZ 2008, 2116, 2117 und OLG Celle FamRZ 2008, 2115, 2116.

[343] BGH FamRZ 2008, 2011 ff.; zuletzt BGH NJW 2013, 457 ff.; BGH NJW 2013, 1359 ff.

[344] *Dauner-Lieb*, in: FS Brudermüller, 99, 112.

[345] *Dauner-Lieb/Stuhlfelner* FF 2011, 382, 387; möglicherweise hat der BGH in NJW 2013, 457 auch zumindest eine Modifizierung seiner bisherigen Kernbereichsrechtsprechung in diese Richtung eingeleitet, wenn er erkennen lässt, dass er den Ausschluss eines versorgungsgleichen funktionsäquivalenten Ausgleichs für korrekturbedürftig halten könnte.

[346] Seit BGH NJW 2004, 930 und zuletzt BGH FamRZ 2013, 195 und BGH NJW 2013, 457.

[347] Vgl. etwa BGH NJW 1997, 126 oder BGH NJW 1997, 192.

[348] BGH NJW 2013, 457, 459.

[349] *Sanders* FF 2015, 260, 261.

Gestaltungsempfehlung Teil 3 sub. B.) finden. Vereinbarungen, wie in der dem Urteil des BFH zu Grunde liegenden Urkunde[350] (Stundung der Ausgleichsforderung, Abtretungsverbot etc.) dürften damit nicht mehr zwischen den Ehegatten vereinbart werden können.

Grds. erfolgt in den hier einschlägigen Konstellationen die Vereinbarung der Gütertrennung allerdings nicht kompensationslos. Ziel der Ehegatten ist es, dem ausgleichsberechtigten Ehegatten, den Zugewinn auch zukommen zu lassen[351]. Damit liegt keine kompensationslose Vereinbarung der Gütertrennung vor, sie erfolgt vielmehr nur aufgrund der Durchführung des Zugewinnausgleichs. Damit verstößt die Güterstandsschaukel – wenn sie vollzogen, also der Zugewinn tatsächlich ausgeglichen wird – nicht grds. gegen §§ 138, 242 BGB.

Um jeglicher Gefahr der Nichtigkeit der Urkunde zu entgehen, kann klarstellend erwähnt werden, dass der Zugewinnausgleich auch zum Aufbau einer angemessenen Altersversorgung dienen soll, wenn dies aufgrund der beruflichen Tätigkeit der Ehegatten nicht durch Rentenanwartschaften gesichert ist[352].

c) Mehrfacher Güterstandswechsel als Rechtsmissbrauch?

Der auch das eheliche Güterrecht beherrschende Grundsatz der Vertragsfreiheit bietet sowohl die Möglichkeit, einen Güterstand zu wählen oder durch einen anderen zu ersetzen, den Güterstand zu modifizieren oder auch zwischen Güterständen (mehrfach) zu wechseln[353].

§ 242 BGB ist über die familienrechtlichen Sanktionsnormen (z.B. § 1579 Abs. 1 Nr. 3 BGB) hinaus anwendbar. Im Rahmen der Beurteilung der Leistungsfähigkeit des Unterhaltsschuldners wird etwa angeführt, dass auch wenn der Unterhaltspflichtige seine Leistungsunfähigkeit selbst herbeigeführt hat, eine Anwendbarkeit der allgemeinen Regeln neben denen des § 1579 BGB nicht in Betracht

---

[350] BFH ZEV 2005, 490.
[351] Eine Ausnahme hiervon bilden die Fälle, in denen der Zugewinnausgleich nur „auf dem Papier" stattfindet. Wenn etwa – wie im entschiedenen Fall des FG Köln in DStRE 2002, 1248 – die Zugewinnausgleichsforderung nicht erfüllt wird oder mit einer Rückfallklausel für den Fall der Ehescheidung versehen werden, besteht gerade keine Kompensation. Aufgrund der Funktionsäquivalenz des Zugewinn- und des Versorgungsausgleichs wären derartige Verträge aufgrund eines Verstoßes gegen § 138 BGB unwirksam.
[352] Vgl. zu Einzelheiten Teil 3 sub. B.
[353] Vgl. zu Einzelheiten Teil 1 sub. 0.

komme[354]. Allerdings würde eine derartige Auffassung denjenigen privilegieren, der sich mutwillig und zielgerichtet seiner Unterhaltspflicht zu entziehen versucht[355]. Ein Rückgriff auf den Grundsatz von Treu und Glauben bietet einen umfassenden Schutz vor rechtlichen Gestaltungen, die den Schutzzweck bestimmter Vorschriften umlaufen würden. Obwohl § 242 BGB tatbestandliche Voraussetzungen enthält („Schuldner", „Leistung so zu bewirken"), sind diese gerade nicht maßgeblich[356] und grenzen den Anwendungsbereich nicht auf derartige Fälle ein.

Ist § 242 BGB im Familienrecht im Allgemeinen[357] und im Rahmen der Ausübungskontrolle bei der Prüfung von Eheverträgen im Besonderen[358] grds. anwendbar, stellt sich die Frage, ob der, ggf. mehrfache, Wechsel des Güterstandes gegen § 242 BGB verstößt. Treu und Glauben weisen nach ihrem Wortsinn in die Richtung des Vertrauensschutzes und zu einer „billigen Rücksichtnahme" auf schutzwürdige Interessen Dritter[359].

Der mehrfache Güterstandswechsel könnte sich als unzulässige Rechtsausübung darstellen.

Zwar wird partiell bestritten, dass Rechtsmissbrauch einen Unterfall des § 242 BGB darstellt[360]. Den Rechtsmissbrauch wie von dieser Ansicht auf Grundlage der §§ 226, 826 BGB zu konstruieren, erscheint allerdings wenig sinnvoll, da diese Normen keine konkreten Erfordernisse aufstellen. Auch die rechtliche Genese des § 242 BGB spricht dafür, den Rechtsmissbrauch als Unterfall dieser Norm zu verstehen[361]. Das Gebot gegenseitiger Rücksichtnahme ist untrennbar mit der Frage der rechtsmissbräuchlichen Inanspruchnahme verbunden, sodass sich hieraus bereits ergibt, dass der Rechtsmissbrauch als Unterfall des § 242 BGB einzuordnen ist[362]. Nach damit zutreffender Ansicht sind Fälle des Rechtsmissbrauchs von § 242 BGB erfasst[363].

---

[354] BGH FamRZ 1982, 792, 794; BGH FamRZ 1982, 913, 914; *Born*, in: MüKo-BGB, § 1603 Rn. 10.
[355] Siehe hierzu Teil 2 sub. B.II. 3.
[356] *Roth*, in: MüKo-BGB, § 242 Rn. 53.
[357] Siehe bereits BGHZ 1, 87, 90.
[358] Vgl. Teil 2 sub. B. I. 2.
[359] *Werner*, in: Erman-BGB, § 242 Rn. 2; *Roth*, in: MüKo-BGB, § 242 Rn. 5.
[360] *Teichmann*, in: Soergel § 242 Rn. 11 ff.
[361] *Looschelders/Olzen*, in: Staudinger-BGB, § 242 Rn. 1 ff., 216.
[362] *Roth*, in: MüKo-BGB, § 242 Rn. 164.
[363] *Looschelders*, Schuldrecht AT, Rn. 79; *Gernhuber* JuS 1983, 764, 765; *Brox/Walker*, Allgemeines Schuldrecht, § 7 Rn. 14 f.

Welche Anforderungen sich aus Treu und Glauben ergeben, ist unter Berücksichtigung der Umstände des Einzelfalls zu entscheiden. Eine gegen § 242 BGB verstoßende Rechtsausübung kann in Gestalt eines institutionellen Rechtsmissbrauchs oder eines individuellen Rechtsmissbrauchs erfolgen. Ein Rechtsmissbrauch nach § 242 BGB kommt bereits dann in Betracht, wenn die Ausübung den Grundsätzen von Treu und Glauben widerspricht. Eine bewusste und zielgerichtete Zweckentfremdung mit Schädigungsabsicht muss seitens der Handelnden nicht vorliegen[364]. § 242 BGB bildet als allen Rechtsnormen immanente Inhaltsbegrenzung eine Beschränkung der Möglichkeiten der Rechtsausübung[365]. Eine Ausübung der an sich bestehenden rechtlichen Möglichkeiten oder eine Ausnutzung der Rechtslage stellt eine Rechtsüberschreitung und damit einen Verstoß gegen § 242 BGB dar[366].

Beim institutionellen Rechtsmissbrauch geht es darum, dass die sich aus einem Rechtsinstitut oder einer Rechtsnorm (scheinbar) ergebenden Rechtsfolgen unter Umständen zurücktreten müssen, wenn sie zu einem mit Treu und Glauben unvereinbaren, schlechthin untragbaren Ergebnis führen[367].

Der in den hier interessierenden Konstellationen in Betracht kommende individuelle Rechtsmissbrauch zeichnet sich dadurch aus, dass die Ausübung eines an sich bestehenden Rechts gegen die Grundsätze von Treu und Glauben verstößt[368]. Der Missbrauch ergibt sich damit nicht aus der Institution der Güterstandsschaukel per se als einem zulässigen Instrument[369].

Eine Rechtsausübung ist dann nicht missbräuchlich, wenn von dem eingeräumten Recht in einer Weise Gebrauch gemacht wird wie es das Gesetz zulässt, die Beteiligten es vereinbaren und es von den Beteiligten gedacht war. Eine Rechtsausübung kann nur missbräuchlich sein, wenn sie als nicht mehr von dem Sinn und Zweck des Rechts gedeckt erscheint und gegen sonstige höherwertige Pflichten verstößt. Allein der Vorwurf eines Rechtsmissbrauchs setzt eine atypische, von dem ursprünglichen Parteiwillen nicht gedeckte Situation voraus[370].

---

[364] BAG NJW 1997, 2256, 2258.
[365] BGHZ 30, 140, 145; BGH NJW-RR 2005, 619, 620.
[366] BGHZ 12, 154, 157.
[367] BGHZ 29, 6, 10; BGHZ 48, 396, 398; *Grüneberg*, in: Palandt, § 242 Rn. 40.
[368] *Krebs*, in: NK-BGB, § 242 Rn. 69.
[369] Vgl. Teil 2 sub. 0. und B.
[370] *Fastrich*, S. 95; *Dauner-Lieb* AcP 201 (2001), 295, 327.

Dies ist in Konstellationen des, ggf. auch mehrfachen, Güterstandswechsels grds. nicht der Fall. Die Ehegatten können die güterrechtlichen Verhältnisse auch zu jeder Zeit in der Ehe neu ordnen. Darin liegt nicht a priori ein Verstoß gegen Treu und Glauben. Andernfalls würde das über Art. 2 GG geschützte Institut der Ehevertragsfreiheit tangiert.

Die durch die Güterstandsschaukel bewirkte steuergünstige Vermögensverlagerung wird ohne Hinzutreten weiterer Umstände gleichfalls keinen Verstoß gegen Treu und Glauben darstellen können. Zwar berechtigen die durch ein subjektives Recht verliehenen Befugnisse nicht zur Verfolgung eines „rücksichtslosen Eigennutzes". Dieser ist gegeben, wenn objektiv die Wahrnehmung von Befugnissen aus dem subjektiven Recht durch den Berechtigten nicht nur den Zweck hat, ein übermäßiges, unbilliges Streben des Berechtigten nach Eigennutz zu rechtfertigen[371].

Es handelt sich um Ausnahmekonstellationen, deren Voraussetzungen allein bei der Realisierung steuerlicher Vorteile nicht gegeben sind.

Der Ausschluss des gesetzlichen Güterstandes wird im Wege der Ausübungskontrolle nach Treu und Glauben nur ausnahmsweise als rechtsmissbräuchlich angesehen werden können. Denkbar ist dies etwa, wenn die Ehegatten bei ihrer Abrede von beiderseitiger, ökonomisch vergleichbar gewinnbringender Berufstätigkeit ausgegangen sind, diese Planung sich aber später aufgrund von Umständen, die dem gemeinsamen Risikobereich der Ehegatten zugehören, nicht verwirklichen lassen. Hier mag es ungeachtet der getroffenen Abreden unbillig sein, dass der nicht erwerbstätige Ehegatte um die Früchte seiner Mitarbeit in der Ehe gebracht würde[372].

Schließlich wird man über Treu und Glauben und im Rahmen der Ausübungskontrolle bei einem ehevertraglichen Verzicht auf Unterhalt, Versorgungsausgleich und Zugewinnausgleich einen Verstoß gegen Treu und Glauben annehmen können, wenn ein haushaltsführender und kinderbetreuender Ehegatte im Rahmen des Versorgungsausgleichs keine Versorgungsanwartschaften von dem anderen Ehegatten, der freiberuflich tätig war und Altersvorsorge durch Vermögensbildung (Lebensversicherung mit Kapitalrecht, Beteiligungen, Immobilienvermögen etc.) betrieben hat, aufgrund vereinbarter Gütertrennung nicht teilnimmt[373]. In diesem

---

[371] *Olzen/Looschelders*, in: Staudinger-BGB, § 242 Rn. 255 ff.
[372] BGH FamRZ 2008, 386, 389; BGH FamRZ 2004, 601, 608.
[373] Zutreffend schon *Schubert* FamRZ 2001, 733, 736.

Fall kann es angemessen sein, dem haushaltsführenden Ehegatten zum Ausgleich ehebedingter Nachteile einen modifizierten Zugewinnausgleich zu ermöglichen, der zum einen den tatsächlichen Ausgleichswert allerdings nicht überschreiten darf und zum anderen nur die Nachteile ausgleicht, die der Ehegatte dadurch hat, dass er entgegen ursprünglicher Lebensplanung nicht erwerbstätig war. Dazu muss eine tatsächliche Altersvorsorgebilanz verglichen werden mit der Altersvorsorgebilanz die gegeben wäre, wenn der haushaltsführende Ehegatte durchgängig erwerbstätig geblieben wäre. Die sich daraus ergebende Differenz ist im Rahmen eines modifizierten Zugewinnausgleichs ausgleichbar[374].

Neben den Konstellationen, in denen ein Verstoß gegen § 242 BGB durch ein Verhalten der Ehegatten untereinander vorliegt, kann sich ein Verstoß gegen die Grundsätze von Treu und Glauben auch daraus ergeben, dass das Verhalten der Ehegatten gegenüber der Allgemeinheit missbräuchlich ist.

Der Missbrauch nach § 242 BGB kann sich aus weiteren Umständen, die zu der gewählten Art der Gestaltung hinzutreten, ergeben[375].

Vereinbaren die Ehegatten etwa in einer Urkunde sowohl den Wechsel aus der Zugewinngemeinschaft in die Gütertrennung als auch den Wechsel zurück in die Zugewinngemeinschaft ist dieser doppelte Wechsel des Güterstands in einer Urkunde zwar grds. rechtlich möglich[376]. Durch den doppelten Güterstandswechsel in einer Urkunde erhält jedoch keine Partei Gelegenheit, den Willen zum Wechsel zurück in den Güterstand der Zugewinngemeinschaft zu bekunden. Vielmehr wird mit einem Willensakt der doppelte Wechsel des Güterstandes bewirkt. Eine Entschließungsfreiheit der Ehegatten nach Eintritt der Gütertrennung besteht in diesen Konstellationen nicht mehr.

In anderen Konstellationen ist eine Bedenkfrist sogar ausdrücklich normiert. So soll ein Notar gem. § 17 Abs. 2a S. 2 Nr. 2 BeurkG darauf hinwirken, dass dem Verbraucher ausreichend Gelegenheit gegeben wird, sich mit dem Gegenstand der Urkunde auseinander zu setzen. Bei Verbraucherverträgen, die gem. § 311b Abs. 1 BGB beurkundungspflichtig sind (etwa Kaufverträge über Grundstücke, Wohnungseigentum und Erbbaurechte) geschieht dies dadurch, dass dem Verbraucher der beabsichtige Text des Rechtsgeschäfts zwei Wochen vor der Beurkundung zur Verfügung gestellt wird. Die Frist soll den Beteiligten Gelegenheit

---

[374] BGH FuR 2015, 224.
[375] *Looschelders/Olzen*, in: Staudinger, § 242 Rn. 218.
[376] BFH ZEV 2005, 490; vgl. hierzu Teil 2 sub. B. I. 2. e).

geben, sich über den Wert des Objekts und seine Tauglichkeit klar zu werden, die steuerlichen Folgen zu prüfen, die Höhe etwa einer Vorfälligkeitsentschädigung zu ermitteln, ggf. bauliche Untersuchungen vorzunehmen etc. Die Zweiwochenfrist bezweckt eine „cooling-off-Periode" zur Sicherstellung einer ausreichenden Prüfung durch den Verbraucher[377], wenngleich die Nichteinhaltung der Frist keine Auswirkungen auf die Wirksamkeit der Beurkundung hat.

In den hier zu untersuchenden Konstellationen wird eine Bedenkfrist zwar nach Eintritt der Gütertrennung und sofortigem Wechsel zurück in die Zugewinngemeinschaft nicht mehr eingeräumt. Eine derartige Bedenkfrist kann jedoch unschwer zuvor eingehalten werden. Mit Übersendung des ehevertraglichen Entwurfs zur Güterstandsschaukel, mithin bereits vor Aufhebung der Zugewinngemeinschaft. M.E. kann allein das formale Kriterium der Vereinbarung der Güterstandsschaukel in einer oder in zwei Urkunden nicht entscheidungserheblich sein. Auch der BFH[378] hat die Aufhebung des Güterstands der Zugewinngemeinschaft und die Neubegründung in ein und demselben Ehevertrag nicht beanstandet[379].

Unabhängig davon, dass durch zwei Urkunden für die Beteiligten Mehrkosten entstehen[380], sollte weniger das formale Kriterium der Anzahl der Urkunden eine Rolle spielen, als vielmehr die inhaltliche Ausgestaltung.

So erscheint ein Verstoß gegen Treu und Glauben prüfenswert, wenn nachstehende Umstände, wie sie teilweise auch den Entscheidungen des FG Köln[381] und des BFH[382] zu Grunde lagen, gegeben sind:

- Stundung der Zugewinnausgleichsforderung

---

[377] *Bernhard*, in: Beck'sches Notarhandbuch, Teil G Rn. 74.
[378] FR 2006, 41.
[379] Vgl. auch *Pluskat/Pluskat* ZFE 2006, 124, 125; für Gestaltung in zwei Urkunden mit einem gewissen zeitlichen Abstand jedoch *Wachter* FR 2006, 42, 44.
[380] Die Beurkundung des Ehevertrags löst eine 2,0 Gebühr nach Nr. 21100 KV aus, die mindestens 120,00 € beträgt. Nach § 100 GNotKG ist der Geschäftswert die Summe der gegenwärtigen Vermögen der Ehegatten, aufgrund des „modifizierten Reinvermögens" kann allerdings ein Schuldenabzug bis zur Hälfte des Reinvermögens der Ehegatten vorgenommen werden (vgl. *Reetz/Riss*, in: Leipziger-GNotKG, § 100 Rn. 13). Aufgrund der Tatsache, dass in einer Urkunde aber auch zwei Güterstandswechsel beurkundet würden, fielen auch zwei Gebühren an. Es ergibt sich damit nur der „Progressionsvorteil". Bei einem Geschäftswert von 1.000.000,- € betrüge eine 2,0 Gebühr 3.470,- €, die bei der Beurkundung in zwei Urkunden doppelt anfiele. Bei einem Geschäftswert von 2.000.000,- € (Beurkundung in einer Urkunde), betrüge die Gebühr 6.670. Die Kostenersparnis macht hier damit lediglich 270,- € aus.
[381] DStRE 2002, 1249.
[382] BFH ZEV 2005, 490.

- Vereinbarung eines (wenngleich unwirksamen, da gegen § 1378 Abs. 2 S. 1 BGB verstoßenden) Abtretungsverbots
- Vereinbarung eines Rückforderungsanspruchs zu Gunsten des ausgleichspflichtigen Ehegatten für den Fall der Scheidung
- Mit den vorstehenden Regelungen korrespondierend keine tatsächliche Vermögensverlagerung des grds. zugewinnausgleichsberechtigten Ehegatten.

Treu und Glauben bilden eine allen Rechten, Rechtslagen und Rechtsnormen immanente Inhaltsbegrenzung[383].

Zwar ist grds. davon auszugehen, dass jemand, der von seinem Recht Gebrauch macht, niemanden Unrecht tut (qui suo iure utitur, neminem laedit[384]). Auch besteht keine allgemeine sittliche Verpflichtung, die Ausübung eines Rechts zu unterlassen, wenn sie einen anderen schädigt[385]. Der Einwand des Rechtsmissbrauchs ist nicht dazu bestimmt, jeder unbilligen Rechtsverfolgung entgegengesetzt zu werden und auf diese Weise an die Stelle des Rechts mehr oder weniger unbestimmte Billigkeitserwägungen zu setzen[386].

Gleichwohl kann eine gegen § 242 BGB verstoßende Rechtsausübung oder Ausnutzung einer Rechtslage als Rechtsüberschreitung ausnahmsweise missbräuchlich und unzulässig sein[387].

Wann das Verbot unzulässiger Rechtsausübung eingreift, ist eine Frage der Konkretisierung des Gebots von Treu und Glauben. Dies kann immer nur anhand einer Einzelfallprüfung geschehen[388]. Aus den zahlreichen Fallkonstellationen unzulässiger Rechtsausübung haben sich typische Fallgruppen herausgebildet, die jedoch weder abschließend noch frei von Überschneidungen sind (etwa unredlicher Erwerb der eigenen Rechtsposition, Verletzung eigener Pflichten, Fehlen des schutzwürdigen Eigeninteresses, Unverhältnismäßigkeit, venire contra factum proprium).

In der hier interessierenden Konstellation kommt ein Verstoß gegen Treu und Glauben unter dem Gesichtspunkt des widersprüchlichen Verhaltens in Betracht.

---

[383] BGHZ 30, 140, 145; BGH NJW-RR 2005, 619.
[384] BGH WM 1964, 234, 237; BGH WM 1966, 115, 118.
[385] RGZ 138, 373, 376; RGZ 160, 349, 357.
[386] RGZ 86, 191.
[387] Grundlegend BGHZ 12, 154, 157.
[388] *Schmidt-Kessel*, in: PWW, § 242 Rn. 31; *Grüneberg*, in: Palandt, § 242 Rn. 38.

Zwar verlangt die Rechtsordnung von ihren Teilnehmern am Rechtsverkehr keine Widerspruchsfreiheit des eigenen Handelns[389].

Missbräuchlich ist ein widersprüchliches Verhalten jedoch, wenn für den anderen Teil ein Vertrauenstatbestand entstanden ist oder wenn andere besondere Umstände die Rechtsausübung als treuwidrig erscheinen lassen. Es muss objektiv das Gesamtbild eines widersprüchlichen Verhaltens vorliegen, weil jemand nacheinander oder gleichzeitig zwei für den Interessenschutz eines anderen miteinander unvereinbare Gestaltungen vornimmt[390]. Eines Verschuldens bedarf es nicht[391].

Ein widersprüchliches Verhalten des zugewinnausgleichspflichtigen Ehegatten bei Vereinbarung der Güterstandsschaukel wird man objektiv annehmen müssen in Konstellationen, in denen die Erfüllung des Zugewinnausgleichsanspruchs von vornherein überhaupt nicht beabsichtigt war. Im Hinblick darauf, dass der zugewinnausgleichsberechtigte Ehegatte von dieser Vertragsgestaltung von vornherein wusste, wird man regelmäßig bei dem berechtigten Ehegatten kaum ein vertrauensbegründendes (Fehl-) Verhalten des pflichtigen Ehegatten annehmen können. Auch wird der berechtigte Ehegatte im Hinblick auf die Zugewinnausgleichsforderung kaum Dispositionen getroffen haben[392].

Aber auch wenn es nicht zu besonderen weiterwirkenden Dispositionen gekommen ist, kann das Vertrauen schutzwürdig sein[393].

Auch diese Voraussetzung wird in den hier interessierenden Konstellationen jedoch nicht gegeben sein, wenn das gesamte vertragliche Konstrukt von vornherein feststand und von beiden Eheleuten eingehend geprüft und von beiden Ehegatten gewollt war.

Eine unzulässige Rechtsausübung wird man jedoch auch dann anzunehmen haben, wenn es zu einem unauflösbaren Selbstwiderspruch kommt[394]. Nicht erforderlich ist, dass die andere Vertragspartei ein schutzwürdiges Vertrauen in die weiterhin gleiche Rechtsverfolgung hat[395].

---

[389] BGH NJW 2005, 1354, 1356; BGH NJW 1997, 3377, 3379; *Schmidt-Kessel*, in: PWW, § 242 Rn. 53.
[390] *Esser*, Schuldrecht, § 35; BGHZ 130, 371, 375.
[391] BGHZ 9, 1, 5; BGHZ 25, 47, 52 f.; BGHZ 64, 5, 9; BGH NJW-RR 2013, 757, 758; BGH NJW 2014, 2723, 2727; *Schmidt-Kessel*, in: PWW, § 242 Rn. 33.
[392] Eingehend *Canaris*, Vertrauenshaftung, S. 278.
[393] BGH NJW 1985, 2590; BGH NJW 1986, 162.
[394] BGHZ 50, 191, 196.
[395] BGHZ 130, 371, 375.

Eine derartige Konstellation ist bei der von vornherein nicht geplanten Erfüllung der Zugewinnausgleichsforderung und doppelten Güterstandswechsel gegeben: Die Ehegatten ermitteln die Zugewinnausgleichsforderung und heben ehevertraglich den gesetzlichen Güterstand auf. Im Rahmen des Ehevertrags werden alle flankierenden Vereinbarungen getroffen, damit die ermittelte Zugewinnausgleichsforderung vom Pflichtigen nicht erfüllt werden muss und es tatsächlich nicht zu einer Vermögensverlagerung vom Zugewinnausgleichspflichtigen auf den Berechtigten kommt. Sodann wird die für welche Zeit auch immer, ggf. auch nur für eine juristische Sekunde, vereinbarte Gütertrennung wieder aufgehoben und die Eheleute kehren in den gesetzlichen Güterstand zurück. Der gesetzgeberische Zweck, der mit der grds. Steuerfreiheit des Zugewinnausgleichs einhergeht wird mit Konstellationen der vorliegenden Art konterkariert. Die Steuerfreiheit wird erreicht oder soll erreicht werden, der Zugewinnausgleichsanspruch soll und wird tatsächlich jedoch nicht erfüllt werden.

Zur Erlangung der mit der Güterstandsschaukel beabsichtigten Schenkungsteuerfreiheit ist der Zugewinn dem Finanzamt darzulegen. Dies wird nicht unabdingbar in der notariellen Urkunde zu erfolgen haben[396]. Man wird es für ausreichend erachten können, wenn in der notariellen Urkunde der von den Beteiligten einvernehmlich errechnete Zugewinn dargelegt wird. Die Zugewinnausgleichsforderung ist allerdings korrekt zu errechnen. Es darf keine überhöhte Zuwendung erfolgen. Ansonsten droht nach den Richtlinien zur Erbschaftsteuer[397] folgende Gefahr: Wird durch den Ehevertrag dem Ehepartner eine erhöhte Ausgleichsforderung verschafft, liegt hierin eine Schenkung, sofern nicht in erster Linie güterrechtliche, sondern erbrechtliche Wirkungen herbeigeführt werden sollen[398]. Wenn die Finanzverwaltung den Vorgang nicht mehr als güterrechtliche, sondern als erbrechtliche Regelung auffasst, droht die Gefahr der Schenkungsteuer.

In der notariellen Urkunde ist um die Ernsthaftigkeit des Güterstandswechsels zu dokumentieren und um einem Verstoß gegen Treu und Glauben zu entgehen die Zugewinnausgleichsforderung auch vollstreckbar zu titulieren. Alle Klauseln, die eine Erfüllung des Zugewinnausgleichsanspruchs nicht gewährleisten, sind zu vermeiden. Dies gilt etwa für eine Stundungsabrede bis zum Tod des Pflichtigen.

---

[396] So aber *Schlünder/Geißler* NJW 2001, 482, 484.
[397] Vgl. R 12 ErbStR.
[398] Eingehend *Münch*, Ehebezogene Rechtsgeschäfte, Rn. 434 ff.

Denkbar ist insb. den begründet errechneten Zugewinnausgleich in der notariellen Urkunde vollstreckbar zu titulieren, fällig zu stellen (etwa mit einer Frist von einem Monat nach Erstellung der notariellen Urkunde) und nach Erfüllung des titulierten Zugewinnausgleichs in den Güterstand der Zugewinngemeinschaft zurückzukehren[399].

Im Fall des BFH[400] legte die gesamte Gestaltung der Güterstandswechsel nahe, dass eine Erfüllung der Zugewinnausgleichsforderung zwischen den Ehegatten nie intendiert war. Allein die Tatsache, dass die an sich bestehende Zugewinnausgleichsforderung korrekt berechnet wurde, lässt entgegen der Auffassung des FG Köln[401] nicht auf die Ernsthaftigkeit des Wechselwillens der Parteien schließen. Die Tatsache, dass dem notariellen Vertrag eine Zugewinnausgleichsbilanz beigefügt ist, vermag weder die tatsächliche Beendigung des Güterstands der Zugewinngemeinschaft zu begründen[402], noch vermag es über den Anschein der Unredlichkeit hinwegzutäuschen. Die gegen § 242 BGB verstoßende Gesinnung der Ehegatten kann nicht durch eine formalistisch zu berechnende Zugewinnausgleichsbilanz beseitigt werden. Andernfalls wäre die gegen § 242 BGB verstoßende Gesinnung der Ehegatten, die durch die Begleitumstände ersichtlich und durch Indizien dokumentiert wird, sehr leicht durch ein korrektes Verhalten im Rahmen der Abwicklung zu beseitigen.

Weiterer Anhaltspunkt für einen Verstoß gegen § 242 BGB ist die Vereinbarung, dass der zur Erfüllung des Zugewinnausgleichs geleistete Betrag im Fall der Scheidung der Ehe vom ausgleichspflichtigen Ehegatten zurückverlangt werden kann. Zum einen kann in einer derartigen Konstellation angezweifelt werden, ob die Beendigung der Zugewinngemeinschaft derart erfolgt ist, dass dies unter das Privileg des § 5 Abs. 2 ErbStG fallen soll[403]. Dieses Privileg durch eine zivilrechtlich zulässige Gestaltung „zu erschleichen" widerspricht dem Grundsatz von Treu und Glauben, wenn aus den sonstigen Umständen des Falles ersichtlich wird, dass die Ehegatten die Folgen des Güterstandswechsels nicht haben eintreten lassen wollen. Wenn § 242 BGB als „Gebot der Fairness im Rechtsverkehr"[404] aufgefasst werden soll, ist zu hinterfragen, ob es fair ist, dass die Ehegatten durch die

---

[399] Vgl. zu einem Entwurf einer m.E. wirksamen Güterstandsschaukel Teil 3 sub. B. I.
[400] DStR 2005, 1772.
[401] FG Köln DStRE 2002, 1249, 1250.
[402] So aber das FG Köln DStRE 2002, 1249, 1250.
[403] *Brambring* ZEV 1996, 248, 253.
[404] *Schmidt-Kessel*, in: PWW, § 242 Rn. 1a.

Gestaltung zwar einen wirksamen Güterstandswechsel vollziehen, die Folgen (mit Ausnahme des steuerfreien Zugewinnausgleichs) für sie aber nie ersichtlich und spürbar werden. Wenn auf derartige Weise lediglich die für die Beteiligten positiven Rechtsfolgen herausgezogen werden, widerstrebt dies dem Gebot der Fairness, sodass sich ein Verstoß gegen die guten Sitten aufdrängt.

Das darüber hinaus vereinbarte (unwirksame, da gegen § 1378 Abs. 3 S. 1 BGB verstoßende) Abtretungsverbot[405] der Zugewinnausgleichsforderung zeigt, dass die Ehegatten die Rechtsfolge des § 1378 BGB eigentlich nicht haben eintreten lassen wollen. Auch wenn das Abtretungsverbot im Ergebnis zwar nichtig war, zeigt die Vereinbarung eines solchen Verbots jedoch, dass es den Ehegatten darauf ankam, dass der ausgleichsberechtigte Ehegatte nicht über die Zugewinnausgleichsforderung verfügen können sollte. Wenn allerdings der ausgleichsberechtigte Ehegatte nicht über den Ausgleichsbetrag verfügen darf, werden die Rechte des ausgleichsberechtigten Ehegatten weitestgehend ausgehöhlt und die gewählte Gestaltung widerspricht einer redlichen Rechtsausübung.

Gerade der gegenüber § 138 BGB weitere Anwendungsbereich des § 242 BGB[406] ermöglicht es, sämtliche Aspekte der Gestaltung mit in die Abwägung einzubeziehen. Da auch kein verwerfliches Handeln der Ehegatten, also kein Vorsatz bestehen muss[407], kommt es auf die das Vertrauen der Ehegatten in die Rechtmäßigkeit der von ihnen gewählten Gestaltung nicht an.

d) Zeitlicher Abstand zwischen den Güterständen

Fraglich erscheint, ob der Güterstand der Gütertrennung für einen bestimmten Zeitraum bestehen muss[408] oder unmittelbar nach Beendigung des Güterstands der Zugewinngemeinschaft wieder in diese zurückgekehrt werden kann[409].

Weder aus dem Wortlaut des § 1378 Abs. 3 S. 1 BGB, noch aus dessen Entstehungsgeschichte oder dem Gesetzeszweck des § 5 Abs. 2 ErbStG[410] lässt sich das

---

[405] FG Köln DStRE 2002, 1248.
[406] *Sack/Fischinger*, in: Staudinger-BGB, § 138 Rn. 181.
[407] *Wolf/Neuner*, BGB-AT, § 41 Rn. 4.
[408] Vgl. *Zugmaier/Wälzholz* NWB Fach 10, 1521, 1522; *Feick* ZErb 2005, 422, 423; *Münch*, in: Beck'sches Formularbuch FamR, H. I. 3. Anm. 3.
[409] *Schlünder/Geißler* NJW 2007, 482, 483.
[410] BT-Drs. VI/3418, S. 63.

Erfordernis ableiten, dass der Güterstand „vollständig", also auf Dauer beendet sein muss[411].

Ob allerdings zwischen der Beendigung des Güterstandes und dessen Neubegründung eine – und bejahendenfalls welche – Zeitspanne liegen muss, erscheint hingegen fraglich.

Der vom BFH entschiedene Fall[412] sah eine Beendigung des Güterstands der Zugewinngemeinschaft „mit Ablauf des heutigen Tages" sowie die Neubegründung der Zugewinngemeinschaft „mit Beginn des morgigen Tages" vor. Dies beinhaltet, dass zwischen den beiden Güterständen der Zugewinngemeinschaft nichts, auch nicht eine juristische Sekunde, liegt[413]. Der BFH sah den Güterstand der Zugewinngemeinschaft dennoch für wirksam beendet an und verweist in seinem Urteil darauf, dass er sich einer Wertung des Ehevertrags ausdrücklich enthalte und darauf, dass das FG die Beendigung des Güterstandes für ihn bindend festgestellt habe[414]. Die Auslegung des Ehevertrages sei durch das Instanzgericht rechtsfehlerfrei, entsprechend den gesetzlichen Auslegungsregeln der §§ 133, 157 BGB vorgenommen worden und verstoße nicht gegen Denkansätze und allgemeine Erfahrungssätze[415]. Damit folgt der BFH der Auffassung des BGH, nämlich dass die Auslegung von Individualvereinbarungen der Verantwortung des Tatrichters obliegt[416]. Die Revisionsinstanz kann lediglich überprüfen, ob Denkansätze, Erfahrungssätze oder Verfahrensvorschriften hinreichend und fehlerfrei gewürdigt wurden[417]. Insofern hielt das erstinstanzliche Urteil[418] der Überprüfung durch den BFH stand.

Konsequent ist der BFH dahingehend, dass er den Ehegatten grds. die Beweislast für die Ernsthaftigkeit des Güterstandswechsels auferlegt. Die Ehegatten müssen darlegen und beweisen, dass es zu einer tatsächlichen güterrechtlichen Abwicklung gekommen ist. Bedenklich erscheint es jedoch, wenn der BFH dann ausführt,

---

[411] *Hüttemann* DB 1999, 248, 251.
[412] ZEV 2005, 490.
[413] *Münch* StB 2003, 130, 134. Diese Auffassung über den Charakter der juristischen Sekunde ist nicht zutreffend. Die juristische Sekunde wird gerade von der Identität des zeitlichen Moments geprägt. Es liegt damit nie eine zeitliche Differenz zwischen zwei Zeitpunkten, die durch eine juristische Sekunde „getrennt" sind. Andernfalls wäre die juristische Sekunde mit der zeitlichen Sekunde gleichzusetzen.
[414] BFH FR 2006, 41, 42.
[415] Allgemein zur Bindungswirkung erstinstanzlicher Urteile BFH DStR 1999, 1310.
[416] Zuletzt BGH WM 2009, 2321 Rn. 18.
[417] BGH DNotZ 2015, 56, 56.
[418] FG Köln DStRE 2002, 1248.

dass für die Ernsthaftigkeit die Beendigung der Zugewinngemeinschaft erforderlich sei und er im vorliegenden Fall allein die Berechnung der Zugewinnausgleichsforderung hierfür ausreichen lässt. Die Rechtsfolgen des neuen Güterstands der Gütertrennung lagen nicht für eine Sekunde vor. Stellt man zur Beurteilung der Frage der „Abwicklung des Güterstands der Zugewinngemeinschaft" allein auf die Berechnung des erwirtschafteten Zugewinns ab, müsste auch in Fällen des „fliegenden Zugewinnausgleichs" das Privileg des § 5 Abs. 2 ErbStG gewährt werden[419]. Im Fall des BFH konnte die Abwicklung des Güterstands der Zugewinngemeinschaft nicht einmal durch den tatsächlich vorgenommenen Zugewinnausgleich dokumentiert werden, da dieser zinsgünstig bis zum Tod des ausgleichspflichtigen Ehegatten gestundet wurde. Eine Erfüllung des Zugewinnausgleichsanspruchs erfolgte zu keinem Zeitpunkt, war erkennbar auch zu keinem Zeitpunkt intendiert.

Es erscheint nicht schlüssig, für die tatsächliche (!) Beendigung des Güterstandes der Zugewinngemeinschaft eine juristische, also fiktive Sekunde, ausreichen zu lassen. Der formalen Anforderung des § 5 Abs. 2 ErbStG („Wird der Güterstand der Zugewinngemeinschaft [...] beendet..."), muss dahingehend Rechnung getragen werden, dass der Güterstand auch tatsächlich und nicht nur rechtlich beendet werden muss. Eine rein güterrechtliche Beendigung der Zugewinngemeinschaft durch Zahlung des Zugewinnausgleichsbetrages ist nicht ausreichend[420]. Für die Annahme, dass eine partielle Beendigung des Güterstandes reichen soll, mag zwar die Gesetzesbegründung sprechen, indem sie erwähnt, dass die Ausgleichsforderung steuerfrei sein soll, wenn es zu einer „güterrechtlichen Abwicklung der Zugewinngemeinschaft"[421] komme. Eine Differenzierung zwischen den verschiedenen Arten der Beendigung erscheint allerdings wenig überzeugend. Die Systematik der Norm lässt auch darauf schließen, dass der Gesetzgeber in § 5 Abs. 2 ErbStG eine vergleichbare Beendigung des Güterstandes wie in Abs. 1 der Norm vorsehen wollte. Unterschieden werden kann dann lediglich danach, dass § 5 Abs. 1 ErbStG eine dauerhafte Beendigung meint, während § 5 Abs. 2 ErbStG zwar eine Total-, aber keine Dauerbeendigung erfordert. Insofern ist es plausibel, im Rahmen der Prüfung der Gewährung steuerlicher Privilegien, also der Anwendung des § 5 Abs. 2 ErbStG, auf das objektive Merkmal der (Total-, allerdings

---

[419] Siehe hierzu Teil 1 sub. 0. III.
[420] Mit dieser Argumentation vertritt *Hüttemann* DB 1999, 248, 251, dass auch ein Fall des „fliegenden Zugewinnausgleichs" vom Normzweck des § 5 Abs. 2 ErbStG gedeckt sei.
[421] BT-Drs. VI/3418, S. 63.

nicht zwangsläufig dauerhaften) Beendigung der Zugewinngemeinschaft abzustellen.

Die Beendigung der Zugewinngemeinschaft für eine juristische Sekunde wird diesem Erfordernis kaum gerecht, da die güterrechtlichen Folgen der Beendigung des Güterstands der Zugewinngemeinschaft faktisch nicht eintreten[422]. Konstellationen, in denen die güterrechtlichen Wirkungen des Güterstands der Gütertrennung allerdings nicht eintreten, sind zu vergleichen mit Fällen des fliegenden Zugewinnausgleichs[423]. In diesen Fällen ist gerade wegen der Nichtbeendigung des Güterstands der Zugewinngemeinschaft ein steuerfreier Zugewinnausgleichsanspruch nicht zu gewähren. Entscheidend bei der Frage ist also, ob tatsächlich eine güterrechtliche Beendigung des Güterstands vorgelegen hat. Dies kann allerdings auch anhand weitergehender Umstände erfolgen. Die zeitliche Abfolge stellt zwar ein starkes Indiz für die (Nicht-) Beendigung des Güterstands dar, ist allerdings nicht allein ausschlaggebend. So sind auch Konstellationen denkbar, in denen der Güterstand der Zugewinngemeinschaft unmittelbar neu begründet wird. In diesen Fällen ist allerdings darauf zu achten, dass es zu einer tatsächlichen güterrechtlichen Abwicklung kommt. Allein die Berechnung der Zugewinnausgleichsforderung und die Formulierung der Vertragsparteien, dass sie den Güterstand beenden wollen, sind hierfür allerdings nicht ausreichend[424].

Sodann stellt sich die Frage, ob die Beendigung des Güterstands der Zugewinngemeinschaft für eine beliebig kurze Zeit ausreicht[425] um das Vorliegen einer Schenkung zu verneinen, oder ob es einer „Schamfrist"[426] zwischen dem Austritt und dem erneuten Eintritt in den Güterstand der Zugewinngemeinschaft bedarf und wie lang eine solche sein sollte.

Der Grundsatz, dass „nach Zwischenschaltung einer – beliebig langen – Phase der Gütertrennung"[427] die Zugewinngemeinschaft erneut begründet werden kann, ist

---

[422] In diesem Sinne auch *Münch*, Handbuch Familiensteuerrecht, Rn. 38.
[423] Vgl. hierzu Teil 1 sub. 0. III.
[424] So allerdings FG Köln DStRE 2002, 1248, 1250.
[425] Zweifelnd ebenfalls *Münch* ZEV 2005, 491, 491.
[426] *Feick* ZErb 2005, 422, 423.
[427] FG Köln DStRE 2002, 1248.

anzuerkennen. Die Phase der Gütertrennung muss allerdings auch tatsächlich eintreten. Schließlich stellt das gerade im Hinblick auf das Pflichtteilsrecht[428] zu beachtende Verbot eines Gesamtplans[429] ein Indiz für eine rechtsmissbräuchliche Gestaltung dar, wenn die Gütertrennung nicht für eine gewisse Zeit praktiziert wird. Man könnte vertreten, dass von einem „realen Güterstandswechsel"[430] nicht gesprochen werden kann, wenn die Ehegatten von den güterrechtlichen Wirkungen des neuen Güterstandes nichts merken, sondern nur die Auswirkungen der Beendigung des gelebten Güterstands der Zugewinngemeinschaft spüren. Die Ehegatten müssten sodann für einen merklichen Zeitraum (etwa einen Veranlagungszeitraum) im Güterstand der Gütertrennung leben bevor sie in die Zugewinngemeinschaft zurückkehren.

Aufgrund des nicht zwingenden Gleichlaufs zwischen Zivil- und Steuerrecht könnte eine steuerrechtliche Korrektur, etwa über § 42 AO, zu dem Ergebnis gelangen, dass eine schnelle Rückkehr in die Zugewinngemeinschaft rechtsmissbräuchlich sei. Allein der zivilrechtlich zulässige schnelle Wechsel der Güterstände vermag nichts über die Anwendbarkeit des § 5 Abs. 2 ErbStG zu sagen. Zwar hat das Steuerrecht insbesondere wegen der Bezugnahme auf § 1378 BGB in § 5 Abs. 2 ErbStG grds. die zivilrechtlichen Institute anzuerkennen[431], doch bestehen nach wie vor steuerrechtliche Korrekturmöglichkeiten. Der schnelle Wechsel zurück in die Zugewinngemeinschaft kann allenfalls ein Indiz für eine rechtsmissbräuchliche Gestaltung sein. Die schnelle Rückkehr in die Zugewinngemeinschaft allein vermag allerdings noch nicht einen Missbrauch im Sinne des § 42 AO zu begründen. Die erforderlichen außersteuerlichen Gründe, die einen Missbrauch entkräften[432], können stets das Interesse der Ehegatten an einer Absicherung durch für sie günstigere erbrechtliche Folgen sein. Um einen Missbrauch im Sinne des § 42 AO anzunehmen, bedarf es daher einer Gesamtschau der Umstände.

Rein begrifflich steht die „Beendigung" des Güterstandes keinesfalls dessen (unmittelbarer) Neubegründung entgegen. Die Vertragsautonomie der Ehegatten

---

[428] Siehe hierzu Teil 2 sub. B.II. 1.
[429] Vgl. *Münch*, Ehebezogene Rechtsgeschäfte, Rn. 902.
[430] *Reetz*, in: Grandel/Stockmann, Kapitel 232 Rn. 34.
[431] *Meincke*, ErbStG, Einf. Rn. 7.
[432] Statt vieler *Drüen*, in: TK AO, § 42 Rn. 39 m.w.N.

nach § 1408 Abs. 1 BGB ist sehr weitreichend und ist im Rahmen des Zugewinnausgleichs nahezu jeglicher Modifikation zugänglich[433]. Damit ist auch eine schnelle Rückkehr in den Güterstand der Zugewinngemeinschaft vom Gesetzeswortlaut grds. gedeckt. Über die reine Beendigung des Güterstands der Zugewinngemeinschaft hinaus noch eine „Mindestverweildauer" in der Gütertrennung zu fordern, findet im Gesetz keinen Halt. Ferner wäre auch fraglich, welchen Zeitraum man für ausreichend erachten sollte. Von einem Tag, über einen steuerlichen Veranlagungszeitraum bis zu mehreren Jahren erscheint vieles vorstellbar. Abzustellen ist damit allein auf die formale Beendigung der Zugewinngemeinschaft. Haben die Ehegatten den Güterstand beendet und den Zugewinn ausgeglichen, damit die Folgen des neuen Güterstands der Gütertrennung gespürt, ist ein erneuter Wechsel zurück in die Zugewinngemeinschaft möglich.

Darüber hinaus kann die Ernsthaftigkeit der Ehegatten, die Rechtsfolgen des neuen Güterstandes tatsächlich eintreten zu lassen, etwa durch die Berechnung der Zugewinnausgleichsforderung und Erfüllung des Zugewinnausgleichsanspruchs, dokumentiert werden. Eine solche Berechnung kann durch die Ehegatten sogar in der notariellen Urkunde aufgenommen oder als Anlage der notariellen Urkunde beigefügt werden (§ 37 Abs. 1 Nr. 2 BeurkG)[434]. Allein die Berechnung reicht allerdings nicht aus um das Erfordernis der Beendigung des Güterstands der Zugewinngemeinschaft zu erfüllen.

Eine bestimmte „Mindestverweildauer" im Güterstand der Gütertrennung ist für eine (technisch) wirksame Beendigung des Güterstands der Zugewinngemeinschaft nicht erforderlich. Die Ernsthaftigkeit der Beendigung kann vielmehr auch durch andere Umstände als allein dem Zeitmoment dokumentiert werden. Die unmittelbare Rückkehr in den Güterstand der Zugewinngemeinschaft bietet allerdings Anlass genug, die Ernsthaftigkeit des Güterstandswechsels im Rahmen einer Missbrauchskontrolle zu überprüfen[435].

---

[433] Vgl. grundlegend BGHZ 86, 143, 151.
[434] Dies wird von *Schlünder/Geißler* in NJW 2007, 482, 484 gefordert, überspannt allerdings die Anforderungen an einen wirksamen Güterstandswechsel. So auch *Münch*, Ehebezogene Rechtsgeschäfte, Rn. 905.
[435] Vgl. hierzu Teil 2 sub. B.

e) Doppelter Güterstandswechsel in einer Urkunde

Neben der Frage der Verweildauer im Güterstand der Gütertrennung ist im Rahmen des Gestaltungsmissbrauchs ebenfalls die Frage zu erörtern, in wie vielen Urkunden die Güterstandswechsel zu vollziehen sind.

Auch wenn das FG Köln den Güterstandswechsel in einer „Grenzgestaltung"[436], nämlich dem Wechsel der Güterstände in einer Urkunde, für zulässig erklärt hat, kann hieraus nicht abgeleitet werden, dass eine derartige Gestaltung rechtssicher ist.

Für die Gestaltung in einem Vertrag spricht zunächst, dass kein Erfordernis, bzw. keine Vorschrift besteht, die es unmöglich macht zwei Güterstandswechsel in einer Urkunde zu vollziehen. Grundsätzlich ist die Gestaltung zweier Güterstandswechsel in einer Urkunde zivilrechtlich zulässig[437]. Die Aufhebung des Güterstands der Zugewinngemeinschaft sowie dessen Neubegründung in einer Urkunde sprechen nicht dagegen, dass der Güterstand der Zugewinngemeinschaft wirksam beendet worden ist. Dies gilt umso mehr, wenn zwischen der Beendigung der Zugewinngemeinschaft und deren Neubegründung in der Urkunde eine gewisse Zeit vereinbart wird[438]. Stellt man also allein auf das Tatbestandsmerkmal der Beendigung der Zugewinngemeinschaft ab, kann dieses auch in einer Urkunde erreicht werden. Für den doppelten Güterstandswechsel in einer Urkunde sprechen unter anderem auch rein wirtschaftliche Erwägungen. Durch die Errichtung zweier Urkunden entstünden den gestaltenden Eheleuten höhere Kosten.

Es drängt sich jedoch die Frage auf, ob die Beendigung des Güterstandes tatsächlich gewollt ist oder ob die Ehegatten hiermit lediglich ein Scheingeschäft i.S.d. § 117 Abs. 1 BGB verfolgen wollen. In einer derartigen Konstellation wäre die von den Ehegatten gewählte Gestaltung im Hinblick auf die Privilegierung des § 5 Abs. 2 ErbStG nicht anzuerkennen.

Ein Scheingeschäft i.S.d. § 117 Abs. 1 BGB liegt vor, wenn die Vertragsparteien nach außen den Schein eines Rechtsgeschäfts erwecken wollen, sie sich jedoch einig sind, dass die Rechtsfolgen eines derartigen Geschäfts gerade nicht eintreten sollen[439]. Die Ehegatten bekunden mit der Unterschrift unter den Vertrag, dass sie

---

[436] *Münch* ZEV 2005, 491.
[437] Langenfeld/*Milzer*, Rn. 450.
[438] *Pluskat/Pluskat* ZFE 2006, 124, 125.
[439] BGHZ 36, 84, 87; *Heinrichs*, in: Palandt, § 117 Rn. 3; *Wolf/Neuner*, BGB-AT, § 35 Rn. 18.

den Güterstand der Zugewinngemeinschaft beenden möchten. Gerade auf diese Rechtsfolge kommt es den Vertragsparteien an. Der Ehevertrag soll den Güterstand der Zugewinngemeinschaft beenden und damit die Rechtsfolge des § 1378 Abs. 3 BGB auslösen.

Die Annahme eines Scheingeschäfts i.S.d. § 117 Abs. 1 BGB scheidet allerdings aus, wenn der von den Vertragsparteien erwünschte Erfolg die Wirksamkeit des Rechtsgeschäfts voraussetzt[440]. Zwingend erforderlich für die Rechtsfolge des § 1378 Abs. 3 BGB ist die Beendigung der Zugewinngemeinschaft. Die Ehegatten bekunden mit Ihrer Unterschrift neben dem Wechsel in die Gütertrennung gleichfalls, dass sie (unmittelbar) erneut in den Güterstand der Zugewinngemeinschaft eintreten möchten. Damit bleibt kein eigener Willensentschluss dahingehend möglich, dass unabhängig vom Austritt aus der Zugewinngemeinschaft in die Gütertrennung ein erneuter Wechsel in die Zugewinngemeinschaft erfolgen soll[441]. Damit ergäbe sich bereits bei Beurkundung des Güterstands der Gütertrennung dessen zeitliche Befristung. Auch wenn die Beendigung der Zugewinngemeinschaft lediglich ein „Zwischenziel" der Beteiligten ist, stellt dies dennoch deren Willen dar[442]. Damit scheidet die Annahme eines Scheingeschäfts i.S.d. § 117 Abs. 1 BGB aus.

Die Beurkundung eines doppelten Güterstandswechsels in einer Urkunde könnte allerdings ein Umgehungsgeschäft i.S.d. § 134 BGB darstellen und damit nichtig sein. Ein Umgehungsgeschäft ist anzunehmen, wenn die Vertragsparteien den Zweck eines gesetzlich nicht erlaubten Geschäfts mit Hilfe eines anderen, nicht explizit verbotenen Geschäfts zu erreichen versuchen[443]. Allerdings ist die Beurkundung des doppelten Güterstandswechsels zivilrechtlich nicht explizit verboten. Ein Verstoß gegen § 134 BGB kommt daher nicht in Betracht.

Auch im Hinblick auf die Pflichtteilsfestigkeit des doppelten Güterstandswechsels ergeben sich Besonderheiten bei der Gestaltung in nur einer Urkunde. Wenngleich im Rahmen der Beurteilung der Frage der Pflichtteilsfestigkeit einer Gestaltung auch immer der „Gesamtplan" zu berücksichtigen ist um nicht Pflichtteilsergänzungsansprüche auszulösen[444], wird ein derartiger Gesamtplan bei der

---

[440] *Heinrichs*, in: Palandt, § 117 Rn. 4.
[441] *Münch* StB 2003, 130, 135.
[442] FG Köln DStRE 2002, 1248, 1251.
[443] BGHZ 34, 200, 205; 85, 39, 46; *Wolf/Neuner*, BGB-AT, § 40 Rn. 31.
[444] *Münch*, Ehebezogene Rechtsgeschäfte, Rn. 906.

Gestaltung in zwei Urkunden deutlich schwieriger anzunehmen sein[445]. Wird der doppelte Güterstandswechsel nämlich in zwei unabhängig voneinander geschlossenen Urkunden vollzogen, besteht für beide Ehegatten eine Entschließungsfreiheit dahingehend, den Güterstand der Zugewinngemeinschaft erneut zu begründen oder weiterhin im Güterstand der Gütertrennung zu leben. Damit besteht für beide Ehegatten die „Ungewissheit", ob der jeweils andere auch in den ursprünglichen Güterstand zurückwechseln möchte. Besteht eine derartige Entschließungsfreiheit der Ehegatten, dürfte es ausgeschlossen sein, einen Gesamtplan hinter dem doppelten Güterstandswechsel zu sehen[446].

Es kann auch die Auffassung vertreten werden, dass grds. eine Urkunde nicht ausreichend sei, wenn mit einer Unterschrift zugleich Gütertrennung vereinbart wird und zeitgleich in die Zugewinngemeinschaft gewechselt wird.[447]. Allerdings ist zu bedenken, dass in einer Urkunde auch die bedingte Rückkehr in die Zugewinngemeinschaft vereinbart werden kann. Als Bedingung kann etwa die Erfüllung des Zugewinnausgleichsanspruchs oder das Erreichen eines bestimmten Zeitpunkts bestimmt werden. Beachtliche Gründe für einen doppelten Wechsel können bereits bei Beendigung des Güterstands der Zugewinngemeinschaft vorliegen. Den Ehegatten zu versagen mit einer Unterschrift sowohl den Güterstand zu beenden, als auch ihn neu zu begründen ist nicht erforderlich. Ausschlaggebend ist vielmehr die tatsächliche Beendigung des Güterstands.

f) Nichtdurchführung des Zugewinnausgleichs

Im Rahmen einer weitergehenden Betrachtung kann auch bei lang bestehendem Güterstand der Gütertrennung ein Missbrauch in Betracht kommen. Ein Missbrauch kann sich dann etwa daraus ergeben, dass die Ehegatten ehevertraglich vereinbart haben, dass die Zugewinnausgleichsforderung zinslos oder niedrig verzinslich (so im Fall des FG Köln[448]) bis zum Tod des ausgleichspflichtigen Ehegatten gestundet wird und darüber hinaus die Zugewinnausgleichsforderung noch einem Abtretungsverbot unterworfen wird. Auch Gestaltungen, in denen die Zu-

---

[445] *Burandt* FuR 2012, 301, 307; zweifelnd, aber zu dem gleichen Ergebnis gelangen Langenfeld/*Milzer*, Rn. 460.
[446] Zu Einzelheiten der Pflichtteilsfestigkeit der Güterstandsschaukel vgl. Teil 1 sub. B.II.
[447] *Münch*, Handbuch Familiensteuerrecht, Rn. 38 vertritt dies, zumindest wenn damit einhergeht, dass zwischen den Güterständen, wie in dem der Entscheidung des BFH zu Grunde liegenden Fall, „keine juristische Sekunde liegt".
[448] DStRE 2002, 1248.

gewinnausgleichszahlung im Falle der Scheidung vom ausgleichspflichtigen Ehegatten wieder zurückgefordert werden kann[449], bedürfen einer näheren Betrachtung.

Eine derartige Gestaltung zeigt, dass die Ehegatten die Rechtsfolgen der Beendigung des Güterstands der Zugewinngemeinschaft nicht eintreten lassen wollten. Die tatsächliche güterrechtliche Abwicklung der Zugewinngemeinschaft allein an die Berechnung (und nicht die tatsächliche Abwicklung) der Zugewinnausgleichsforderung zu knüpfen[450], erscheint fehlerhaft. Wenn die Ehegatten diese Rechtsfolgen – unter anderem den Ausgleich des erwirtschafteten Zugewinns – so weit wie möglich ausschließen, kann das formale Anknüpfen an die Beendigung des Güterstands der Zugewinngemeinschaft zur Gewährung der Privilegierung des § 5 Abs. 2 ErbStG genügen.

In diesen Konstellationen erscheint äußerst fraglich, ob dem Erfordernis der Beendigung des Güterstands der Zugewinngemeinschaft Rechnung getragen worden ist. Aufgrund der drohenden Rückabwicklung des Zugewinnausgleichs im Falle der Scheidung bzw. der Stundung der Ausgleichsforderung kann der ausgleichsberechtigte Ehegatte nicht frei über das ihm an sich zustehende Vermögen verfügen. Wenn der ausgleichsberechtigte Ehegatte allerdings keine oder nur eingeschränkte Möglichkeiten hat über den Zugewinnausgleichsanspruch zu verfügen, entspricht dies nicht dem gesetzlichen Leitbild. Dieses sieht vor, dass der Zugewinn durchgeführt wird und der Ehegatte, mit Ausnahme der güterrechtlichen Beschränkungen, frei über sein Vermögen verfügen kann. Der Güterstand der Zugewinngemeinschaft ist damit in Fällen, in denen der Zugewinn nicht tatsächlich durchgeführt wird, nicht beendet[451]. Vertraglichen Gestaltungen dieser Art ist, entgegen der Entscheidung des FG Köln[452], nicht das Privileg des § 5 Abs. 2 ErbStG zu gewähren.

g) Gesamtschau der Gestaltung

Schließlich dürfte es auch in zivilrechtlicher Hinsicht bei der Beurteilung des Rechtsmissbrauchs – unabhängig von der Dauer des Verweilens im Güterstand

---

[449] *Brambring* ZEV 1996, 248, 253.
[450] So BFH NJW 2005, 3663.
[451] *Münch*, Handbuch Familiensteuerrecht, Rn. 38 spricht diesen Konstellationen bereits die Beendigung der Zugewinngemeinschaft ab.
[452] DStRE 2002, 1248.

der Gütertrennung und der Anzahl der Urkunden – vielmehr auf eine Gesamtschau der Umstände des Einzelfalls ankommen[453].

Der Rechtsmissbrauch einer Gestaltung kann sich nach § 138 BGB auch aus der Kombination mehrerer Faktoren ergeben, die für sich genommen noch nicht die Schwelle zum Rechtsmissbrauch überschritten haben[454]. Bei der Beurteilung der Frage der Sittenwidrigkeit eines Rechtsgeschäfts sind auch die Beweggründe, die zu der gewählten Art der Gestaltung geführt haben zu berücksichtigen[455].

Auch im Rahmen dieser gebotenen Gesamtschau kommt es allerdings entscheidend auf die Umstände des Einzelfalls an. Führen die Ehegatten in der Urkunde nachvollziehbare Gründe an, weshalb sie das Instrument der Güterstandsschaukel nutzen und werden die Güterstandswechsel entsprechend den formalen Anforderungen durchgeführt, wird ein grundsätzlicher Verstoß gegen § 138 BGB nicht in Betracht kommen. Etwas anderes kommt nur in Betracht, wenn im konkreten Einzelfall Beweggründe der Ehegatten oder Umstände der Gestaltung weiteren Anlass zur näheren Überprüfung der Gestaltung geben und damit der „Sandhaufen" größer wird[456].

II. Hinzutreten besonderer Umstände

Der doppelte Güterstandswechsel verstößt damit nicht insgesamt und grds. gegen §§ 138, 242 BGB. Er stellt ein legitimes Gestaltungsmittel dar, wenn bestimmte Erfordernisse erfüllt werden. Allerdings könnten weitere Umstände des konkreten Einzelfalls hinzutreten, die einen Missbrauch der Gestaltung begründen. Ebenfalls denkbar ist es, dass weitere Umstände hinzutreten, die nicht bloß einen Verstoß gegen §§ 138, 242 BGB darstellen, sondern die einen Verstoß gegen eine Spezialnorm (§§ 129 ff. InsO, §§ 3 f. AnfG, § 134 BGB, § 42 AO) darstellen.

1. Erbrechtlicher Missbrauch (Pflichtteilsfestigkeit)

Ein Missbrauch kann sich in erbrechtlicher Hinsicht ergeben. Zu prüfen ist, ob durch die Gestaltung des doppelten Güterstandswechsels in rechtsmissbräuchlicher Weise Pflichtteilsansprüche von Abkömmlingen reduziert werden.

---

[453] *Ellenberger*, in: Palandt, § 138 Rn. 7 f.
[454] Vom OLG Stuttgart in NJW 1979, 2409, 2412 bildhaft als „Sandhaufentheorie" bezeichnet; vgl. auch BGHZ 107, 92, 97; BGHZ 125, 218, 228; in diesem Sinne auch *Münch* StB 2003, 130, 135; *Sack/Fischinger*, in: Staudinger-BGB, § 138 Rn. 73.
[455] BGHZ 125, 218, 228.
[456] Vgl. hierzu Teil 2 sub. B. II.

In dem Zugewinnausgleich könnte man eine unbenannte oder auch ehebedingte Zuwendung sehen. Läge in der ehevertraglichen Beendigung der Zugewinngemeinschaft eine freigebige und damit unentgeltliche Zuwendung, könnte dies Pflichtteilsergänzungsansprüche nach § 2325 BGB auslösen[457].

Es ließe sich vertreten, dass, wenn die Ehegatten nicht beabsichtigen, im Güterstand der Gütertrennung zu verbleiben, die Erfüllung der Zugewinnausgleichsforderung als Vollzug einer i. S. d. § 2325 BGB ergänzungspflichtigen Schenkung anzusehen ist[458].

Eine Zuwendung des ausgleichspflichtigen Ehegatten an den ausgleichsberechtigten erfolgt grundsätzlich zur Erfüllung eines rechtlichen Anspruchs und ist damit entgeltlich[459]. Grundsätzlich besteht zunächst die Annahme, dass bei einem Wechsel in die Gütertrennung aufgrund der Tatsache, dass bei Beendigung des Güterstands der Zugewinngemeinschaft durch den Tod eines Ehegatten die Zugewinnausgleichsforderung nach der güterrechtlichen Lösung des § 1371 Abs. 2 BGB vor Berechnung der Pflichtteile abgezogen würde[460], pflichtteilsfest sein[461] dürfte. Insofern gilt die Annahme, dass die Ehevertragsfreiheit den Vorzug vor Ansprüchen Dritter genießen sollte. Nach Auffassung des BGH[462] steht es den Ehegatten jederzeit frei, ihre güterrechtlichen Verhältnisse neu zu ordnen. Diese Folge müssen sich zum einen Gläubiger[463] der Ehegatten, zum anderen auch (potentielle) Erben entgegenhalten lassen[464].

Nach dieser Annahme ist allerdings sodann zu prüfen, ob die gewählte Gestaltung rechtsmissbräuchlich und damit nichtig ist[465]. Verfolgen die Ehegatten durch die güterrechtliche Neuordnung „ehewidrige Zwecke" und missbrauchen damit die Ehevertragsfreiheit, könnte dies Pflichtteilsergänzungsansprüche auslösen[466]. So-

---

[457] Vgl. zu ehebedingten Zuwendungen und damit einhergehend Pflichtteilsergänzungsansprüchen grundlegend BGH NJW 1991, 564.
[458] So bereits RGZ 87, 301, 303.
[459] *Hayler* DNotZ 2000, 681, 686; *Brambring* ZEV 1996, 148, 252.
[460] BGHZ 37, 58, 64.
[461] *Brambring* ZEV 1996, 248, 252; *v. Oertzen* ErbStB 2005, 71, 72; *Klinghöffer*, Pflichtteilsrecht, Rn. 560 f.
[462] BGH NJW 1992, 558, 559; vgl. bereits die Entscheidung RGZ 87, 301 ff., auf die der BGH explizit Bezug nimmt.
[463] Vgl. hierzu BGHZ 57, 123, 126.
[464] BGHZ 116, 178, 182.
[465] BGH NJW 1992, 558 f.
[466] BGH NJW 1992, 558, 559.

weit es den Eheleuten auf eine Bereicherung des weniger begüterten Teils ankomme oder der Ehevertrag einzig aus dem Grund geschlossen werde, um pflichtteilsberechtigte Angehörige zu benachteiligen, wäre causa des neuen Güterstandes nicht eine Neuordnung der güterrechtlichen Verhältnisse, sondern es läge eine Schenkung vor. Von einer derartigen Gesinnung kann allerdings nicht pauschal ausgegangen werden. Erforderlich ist eine einzelfallbezogene Prüfung der Umstände. Der erneute Wechsel von der Gütertrennung zurück in die Zugewinngemeinschaft etwa ist ein Indiz für die rechtsmissbräuchliche Gesinnung der Ehegatten[467]. Weitere Anhaltspunkte können aber auch die Neuordnung kurz vor dem Tod eines Ehegatten sein, oder gar der Vertragsschluss mit der erkennbaren Intention der Ehegatten, um Pflichtteilsansprüche von unliebsamen Pflichtteilsberechtigten zu verkürzen[468].

Bislang hatte der BGH noch nicht über die Pflichtteilsfestigkeit der Güterstandsschaukel (Zugewinngemeinschaft – Gütertrennung – Zugewinngemeinschaft) zu entscheiden. Aus der Entscheidung bezüglich der Pflichtteilsfestigkeit bei einem Wechsel in die Gütergemeinschaft[469] lässt sich allerdings erkennen, dass eine „Paketlösung"[470], also der doppelte Güterstandswechsel aufgrund eines einheitlichen Entschlusses, als rechtsmissbräuchlich anzusehen sein dürfte.

Wechseln die Ehegatten den Güterstand mehrfach (Güterstandsschaukel) und geschieht dies durch mehrere Urkunden, ist also auf den dahinter stehenden Gesamtplan abzustellen[471]. Insbesondere aus diesem Gesamtplan kann sich ein Missbrauch ergeben, wenn hierdurch „ehewidrige Zwecke" verfolgt werden[472]. Teilweise wird davon ausgegangen, dass dem doppelten Güterstandswechsel die Absicht der Pflichtteilsreduzierung „sozusagen auf die Stirn geschrieben steht"[473]. Verlässt die ehevertragliche Regelung also den Boden der güterrechtlichen Neuordnung der Beziehung der Ehegatten, kommt stets auch eine Pflichtteilsergänzung in Betracht.

---

[467] Zweifelnd und für einen Rechtsmissbrauch des doppelten Güterstandswechsels auch *Herrler* JA 2007, 120, 125.
[468] BGHZ 116, 178, 182.
[469] BGHZ 116, 178.
[470] *Mayer*, Handbuch Pflichtteilsrecht, § 8 Rn. 52.
[471] Langenfeld/*Milzer*, Rn. 460.
[472] BGH NJW 1992, 558, 558 f.
[473] *Abele/Klinger/Maulbetsch*, Pflichtteilsansprüche § 3 Rn. 28; ebenso für eine grundsätzliche Vermutung der Absicht der Pflichtteilsreduzierung *Klingelhöffer*, Pflichtteilsrecht, Rn. 563 sowie *Schlitt*, in: Schlitt/Müller Pflichtteilsrecht, § 5 Rn. 41.

Wenngleich eine starke Vermutung für eine rechtsmissbräuchliche Gestaltung besteht, ist diese Annahme allerdings nicht zwingend. Der doppelte Güterstandswechsel per se ist nicht rechtsmissbräuchlich, wenn hinreichende Gründe für die gewählte Art der Gestaltung angeführt werden können. Allein das Verstreichenlassen eines (auch längeren) Zeitraums ist allerdings nicht ausreichend, um den dahinter stehenden Gesamtplan zu widerlegen[474]. Zwar spricht ein langer, zwischen den Güterstandswechseln liegender Zeitraum indiziell dafür, dass ein neuer Entschluss in den Ehegatten gereift ist, den Güterstand erneut zu wechseln. Liegt zwischen den beiden Beurkundungen der Güterstandswechsel ein längerer Zeitraum, besteht das Risiko des Versterbens in der falschen Reihenfolge[475]. Aufgrund dieses Risikos liegt es nahe, dass die Ehegatten einen erneuten Wechsel tatsächlich wollen und zu diesem Entschluss nicht aufgrund eines Gesamtplans, sondern im Wege reiflicher Überlegung gelangt sind. Lässt sich diese Annahme allerdings nicht anhand weiterer Umstände belegen, sondern sprechen vielmehr schwerwiegende Gründe für einen Rechtsmissbrauch, müssen neben das Verstreichenlassen von Zeit weitere Umstände treten, die den neuen Entschluss der Ehegatten zum Wechsel in die Zugewinngemeinschaft dokumentieren. In Betracht kommen hierfür etwa geänderte Lebensumstände, die einen Wechsel zurück in die Zugewinngemeinschaft sinnvoll werden lassen.

Können keine weiteren Argumente für den doppelten Güterstandswechsel angeführt werden, kann auf die Gesamtplanrechtsprechung des BFH zurückgegriffen werden. Diese sieht einen Zeitraum von mindestens zwei Jahren zwischen den beiden Entschlüssen vor, um das Vorliegen eines einheitlichen Plans zu verneinen[476]. Aufgrund des (meist) parallelen Verlaufs der steuer- und zivilrechtlichen Rechtsprechung erscheint es wahrscheinlich, dass sich das Zivilrecht, sollte ein derartiger Fall zur Entscheidung gelangen, an dieser Zeitspanne orientieren wird und daher einen Pflichtteilsergänzungsanspruch ablehnen dürfte, wenn der zweite Güterstandswechsel erst nach Ablauf von zwei Jahren nach dem ersten Wechsel erfolgt und keine weiteren Umstände eine rechtsmissbräuchliche Gestaltung durch die Ehegatten sprechen.

Auch in Fällen, in denen die Ehegatten aus dem Güterstand der Gütertrennung in den gesetzlichen Güterstand wechseln und hierbei einen vor dem Wechsel des

---

[474] BGHZ 116, 178, 180.
[475] *Ponath* ZEV 2006, 49, 51.
[476] Vgl. Quartalsbeilage zu EFG/HFR 1, 2005 Ziffer 1.

Güterstandes liegenden Zeitpunkt zur Berechnung des Anfangsvermögens definieren dürfte der Missbrauch bereits indiziert sein[477]. In einer derartigen Konstellation ist ersichtlich, dass die Ehegatten einen möglichst großen Vermögenstransfer vornehmen möchten. Werden in der Urkunde nicht explizit andere Gründe aufgeführt die für eine rein bzw. vorwiegend güterrechtliche Motivation der Ehegatten sprechen, dürfte vieles gegen die Pflichtteilsfestigkeit der Gestaltung sprechen.

Ausschlaggebend für die Pflichtteilsfestigkeit des (mehrfachen) Güterstandswechsels sind darüber hinaus die subjektiven Motivationen der beteiligten Ehegatten. Werden von den Ehegatten nicht nur aus der Ehe motivierte Ziele verfolgt, sondern kommt es ihnen auch (oder evtl. insbesondere) auf die Verkümmerung von Pflichtteilsansprüchen an, wäre die Gestaltung nichtig. Allein die Beurkundung der Güterstandswechsel in zwei Urkunden vermag nicht zu dokumentieren, dass ein Wechsel nicht aus ehefremden Zwecken erfolgte. Die Verfolgung ehewidriger Zwecke liegt neben den bereits erwähnten Fällen auch auf der Hand, wenn wenig begüterte Ehegatten ihre güterrechtlichen Verhältnisse neu ordnen. In derartigen Konstellationen könnte – käme es den Ehegatten nicht auf die Verringerung von Pflichtteilsansprüchen an – ein steuerneutraler Vermögenstransfer auch im Wege von Schenkungen vorgenommen werden. Der erhebliche Freibetrag von 500.000,- € des § 16 Abs. 1 Nr. 1 ErbStG gewährleistet in diesen Fällen eine steuerneutrale Übertragung. Bewegt sich der Vermögenstransfer also innerhalb der Freibetragsgrenze, erscheint es schwierig, rein eheliche Zwecke zur Begründung der Neuordnung heranzuziehen. Damit kann auch durch die Beurkundung in zwei Schritten keine Rechtssicherheit erlangt werden[478].

Schließlich stellt auch die Art der Erfüllung des Zugewinnausgleichsanspruchs einen Bestandteil im Rahmen der Beurteilung der Pflichtteilsfestigkeit des doppelten Güterstandswechsels dar. Wird zur Erfüllung dieses Anspruchs ein Vermögensgegenstand übertragen, dessen Wert weit über den eigentlichen Zugewinnausgleichsanspruch hinaus geht, wird man von einer zur Pflichtteilsergänzung berechtigenden Schenkung ausgehen müssen[479].

---

[477] *Mayer*, Handbuch Pflichtteilsrecht, § 11 Rn. 141.
[478] Vgl. auch *Schlünder/Geißler*, in: Münch, Familienrecht in der Notar- und Gestaltungspraxis, § 18 Rn. 47.
[479] *Klingelhöffer*, Pflichtteilsrecht, Rn. 563.

Bei der Gestaltung im Hinblick auf die Verkürzung eines Pflichtteilsanspruchs ist daher nicht von Rechtssicherheit auszugehen[480]. Maßgeblich sind vielmehr die Umstände des Einzelfalls. Kommt bei der Gestaltung des doppelten Güterstandswechsels auch eine Pflichtteilsverkürzung in Betracht, sind die Motivationsgründe der Ehegatten für die gewählte Gestaltung zu betrachten und in der Urkunde darzulegen. Zivil- und steuerrechtlich ist eine Gestaltung in einer Urkunde auch mit keiner festen Verweildauer im Güterstand der Gütertrennung möglich. Besteht der Güterstand der Gütertrennung allerdings nicht für die Dauer von mindestens zwei Jahren, kommen Pflichtteilsergänzungsansprüche in Betracht.

2. Gläubigerbenachteiligung

Neben der Benachteiligung von Pflichtteilsberechtigten kommt auch die Benachteiligung von Gläubigern des vermögenderen und damit ausgleichspflichtigen Ehegatten in Betracht. In bestimmten Konstellationen kann sich die Rechtswidrigkeit bzw. Anfechtbarkeit des doppelten Güterstandswechsels aus den Vorschriften der InsO und des AnfG ergeben. Dadurch, dass der vermögende Ehegatte zur Erfüllung des Zugewinnausgleichsanspruchs Vermögen auf den anderen Ehegatten überträgt kann es zu einer Gläubigerbenachteiligung kommen.

Kann der ausgleichspflichtige Ehegatte die Forderung von Gläubigern aufgrund fehlenden Vermögens nicht mehr erfüllen, kommt die Anfechtung nach § 4 AnfG, § 134 InsO in Betracht. Die Tatbestände des AnfG (für Anfechtungen außerhalb der Insolvenz) und der InsO (Anfechtungen in der Insolvenz) sind trotz unterschiedlicher Zielsetzung der beiden Gesetze, im Wesentlichen inhaltlich identisch[481]. Verträge im Bereich des Ehegüterrechts unterliegen grds. in gleicher Weise der Anfechtung innerhalb und außerhalb der Insolvenz wie andere Verträge zwischen Ehegatten[482]. Vereinbaren die Ehegatten etwa, dass ein Ehegatte eine bestimmte Summe an den anderen Ehegatten leistet, dürfte eine Anfechtung aufgrund der potentiellen Unentgeltlichkeit der Leistung nach § 4 AnfG in Betracht kommen. Fraglich erscheint jedoch, ob auch „Gesamteheverträge"[483], in denen die Ehegatten den gesamten Güterstand wechseln, aufgrund deren Unentgeltlichkeit der Schenkungsanfechtung nach den Vorschriften der InsO bzw. des AnfG unterliegen:

---

[480] Ebenfalls zweifelnd allerdings *Wachter* FR 2006, 43 ff.
[481] *Ponath* ZEV 2006, 49, 50.
[482] BGH NJW 1972, 48 ff.; *Jaeger*, Gläubigeranfechtung, § 3 Rn. 64 f.
[483] BGH NJW 1972, 48, 49.

Sämtliche Anfechtungstatbestände haben als gemeinsame Anfechtungsvoraussetzungen:

- Rechtshandlungen (einschließlich Unterlassungen) im Sinne des § 1 AnfG sind alle Willensbetätigungen, die rechtliche Wirkung entfalten[484].
- Aufgrund der Zielsetzung des Gesetzes (Wiederherstellung der weggefallenen Vollstreckungsmöglichkeit für den Gläubiger) muss die Rechtshandlung zu einer objektiven Benachteiligung des Gläubigers geführt haben[485].
- Schließlich muss die Handlung des Gläubigers kausal für die Vollstreckungsvereitelung gewesen sein[486].

a) Vorsatzanfechtung § 3 Abs. 1 AnfG, § 133 Abs. 1 InsO

Vereinbaren die Ehegatten den doppelten Güterstandswechsel innerhalb einer Frist von zehn Jahren vor der Anfechtung durch einen Gläubiger und wurde sie mit dem Vorsatz geschlossen, den Gläubiger zu benachteiligen, ist die Rechtshandlung anfechtbar. Eine derartige Anfechtung scheidet allerdings aus, wenn der zugewinnausgleichsberechtigte Ehegatte keine Kenntnis von dem Vorsatz des ausgleichspflichtigen Ehegatten hatte.

Eine Anfechtung nach § 133 Abs. 1 InsO dürfte aufgrund des erforderlichen Schädigungsvorsatzes des Gläubigers in den wenigsten Fällen in Betracht kommen, da dieser Vorsatz nicht vermutet wird. Vermutet wird nach § 33 Abs. 1 S. 2 InsO lediglich die Kenntnis des Vertragspartners.

b) Anfechtung nach § 133 Abs. 2 InsO

In Betracht kommt daneben allerdings die Anfechtung nach § 133 Abs. 2 InsO. Zunächst müsste es sich bei dem Ehevertrag nach § 1408 BGB um einen entgeltlichen Vertrag im Sinne der InsO handeln. Hierbei ist der Vertragsbegriff im Sinne der InsO weit auszulegen[487], sodass auch ein güterrechtlicher Vertrag nach § 1408 Abs. 1 BGB nach § 133 Abs. 2 S. 1 InsO anfechtbar ist. Eherechtliche Verträge zur Neuordnung der güterrechtlichen Verhältnisse erfahren damit keine Privilegierung gegenüber anderen Verträgen zwischen nahen Angehörigen[488].

---

[484] Statt vieler: *Kirchhof*, in: MüKo-AnfG, § 3 Rn. 7.
[485] *Huber*, AnfG, § 1 Rn. 32.
[486] BGHZ 104, 355, 360.
[487] BGH FamRZ 2010, 1548, 1549.
[488] *Bergschneider* FamRZ 2010, 1550.

Entgegen der Regelung des § 133 Abs. 1 InsO wird der Vorsatz bei einer Anfechtung nach § 133 Abs. 2 InsO widerleglich vermutet[489].

Die güterrechtliche Neuordnung und damit einhergehend der verfassungsrechtliche Schutz der Ehe aus Art. 6 Abs. 1 GG gebieten keinen Schutz der Ehegatten vor den Anfechtungsmöglichkeiten der InsO[490]. Insofern ist das Regelungsziel der InsO nach § 1 InsO, die Wahrung des Allgemeinwohls, gleichfalls zu beachten und genießt insofern Vorrang vor den Individualinteressen der Ehegatten. Darüber hinaus wird die güterrechtliche Neuordnung durch die Anfechtungsmöglichkeit nicht tangiert, einzig die gläubigerbenachteiligenden Rechtswirkungen der einzelnen Übertragungsvorgänge werden von den Regelungen der InsO erfasst. Hierdurch erfolgt keine Sanktionierung etwaigen Handlungsunrechts[491].

Damit ist eine Anfechtung nach § 133 Abs. 2 InsO möglich.

c) Schenkungsanfechtung § 4 AnfG, § 134 InsO

Die Annahme, dass es sich bei dem Ehevertrag nach § 1408 Abs. 1 BGB um ein entgeltliches Rechtsgeschäft handelt, ist allerdings nicht zwingend.

Ob und unter welchen Voraussetzungen neben einer Anfechtung nach § 133 Abs. 2 InsO eine Anfechtung nach § 4 AnfG, § 134 InsO in Betracht kommt, ob also bei doppeltem Güterstandswechsel die Annahme eines entgeltlichen Vertrages vorliegt, ist zu untersuchen. Zu prüfen ist, ob das Tatbestandsmerkmal der Unentgeltlichkeit im Rahmen der InsO und des AnfG identisch mit dem des Steuerrechts bzw. des Zivilrechts zu beurteilen ist.

Unentgeltlich ist eine Leistung nach § 4 AnfG wenn der endgültige Erwerb des Empfängers vereinbarungsgemäß nicht von einer ausgleichenden Zuwendung abhängig ist[492]. Entscheidend hierbei ist die Kausalbeziehung aus der abgeleitet werden kann, ob die zur Erfüllung erbrachte Leistung von einer ausgleichenden Zuwendung abhängt, also entgeltlich oder unentgeltlich ist[493]. Grundsätzlich unterliegen der Anfechtung alle objektiv unentgeltlichen Verfügungen, auch unter Ehegatten[494]

---

[489] BGHZ 129, 236, 256; *Kirchhof*, in: MüKo-InsO, § 133 Rn. 45; BGHZ 58, 20, 22 f. zu § 31 Nr. 2 KO, der Vorgängervorschrift des § 133 Abs. 2 InsO.
[490] BGH FamRZ 2010, 1548, 1549.
[491] BGHZ 147, 233, 236.
[492] BFHE 125, 500, 506 f.; *Kirchhof*, in: MüKo-AnfG, § 4 Rn. 20;
[493] BGH NJW 1993, 663, 664.
[494] BGHZ 113, 98, 102 f.; *Kollhosser* NJW 1994, 2313, 2316.

Auch wenn ein Ehevertrag ebenso wie Rechtsgeschäfte zwischen Dritten der Anfechtung durch Gläubiger unterliegt, scheidet eine Anfechtung nach § 4 AnfG aus. Die Leistung der Zugewinnausgleichsforderung erfolgt nicht unentgeltlich, da sie auf einem Rechtsanspruch des Ausgleichsberechtigten beruht[495].

Schädlich ist allerdings ein erneuter Wechsel zurück in die Zugewinngemeinschaft. Ein solcher dürfte im Hinblick auf § 4 AnfG das Verfolgen außerehelicher Zwecke darstellen[496].

Auch hier darf allerdings nicht schematisch vorgegangen werden. Vielmehr ist eine Gesamtschau angezeigt. Auch in diesem Rahmen wirkt sich der zeitliche Abstand zwischen den Güterstandswechseln positiv auf die Rechtssicherheit und Unanfechtbarkeit der Gestaltung aus. Grundsätzlich haben Gläubiger kein berechtigtes Interesse am Fortbestand eines von den Ehegatten gewählten Güterstandes[497] und können auf den Fortbestand eines Güterstandes nicht vertrauen.

Eine Anfechtbarkeit nach § 133 Abs. 2 InsO, § 3 Abs. 2 AnfG setzt eine unmittelbare Gläubigerbenachteiligung voraus. Stehen sich allerdings Leistung (zum Zwecke des Zugewinnausgleichs übertragene Vermögenswerte) und Gegenleistung (Höhe des Zugewinnausgleichsanspruchs) gleichwertig gegenüber, liegt eine unmittelbare Gläubigerbenachteiligung nicht vor[498]. Eine Anfechtung bleibt allerdings nach § 3 Abs. 1 AnfG, § 133 Abs. 1 InsO wegen vorsätzlicher Gläubigerbenachteiligung möglich. Der Gläubiger muss hierfür die objektiven Tatbestandsvoraussetzungen des Anfechtungstatbestandes sowie die subjektiven Merkmale (Vorsatz des Schuldners) beweisen[499].

Gläubiger können Güterrechtsverträge – mit Ausnahme evidenter Missbrauchsfälle – nicht mit der Schenkungsanfechtung nach § 4 AnfG, § 134 Abs. 1 InsO anfechten[500].

Aufgrund der grds. bestehenden Möglichkeiten der Anfechtung des doppelten Güterstandswechsels verstößt diese Gestaltung nicht per se gegen Normen der InsO bzw. des AnfG und ist damit auch im Hinblick auf eine etwaige Gläubigerbenachteiligung zunächst ein rechtssicheres Mittel der Vermögensübertragung.

---

[495] Vgl. Teil 1 sub. 0. II. 3.
[496] *Ponath* ZEV 2006, 49, 53.
[497] BGH NJW 1972, 48; *Schumacher-Hey* RNotZ 2004, 544, 557.
[498] *Ponath* ZEV 2006, 49, 54; *Wälzholz* FamRB 2006, 380, 383.
[499] *Kirchhof*, in: MüKo-AnfG, § 3 Rn. 45.
[500] Grundsätzlich BGH NJW 1972, 48; *Wälzholz* FamRB 2006, 380, 383;

3. Unterhaltsverkürzung

Das durch einen Güterstandswechsel reduzierte oder weggefallene Vermögen kann sich unterhaltsrechtlich auswirken indem es die Leistungsfähigkeit des Pflichtigen oder die Bedürftigkeit des Berechtigten tangiert.

a) Obliegenheit zur Verwertung des Vermögensstamms beim Ehegattenunterhalt

Ob und inwieweit neben Einkünften auch das Vermögen, das heißt Kapitalvermögen oder verwertbare Güter[501], heranzuziehen ist, hängt von den jeweiligen Unterhaltsverhältnissen ab.

Beim Geschiedenenunterhalt normiert § 1577 Abs. 1 BGB (abweichend von § 58 EheG) die Pflicht, nicht nur Erträge, sondern auch dessen Substanz zur Deckung des eigenen Unterhaltsbedarfs einzusetzen. Zum einzusetzenden Vermögen gehören alle Vermögenswerte ohne das es auf deren Herkunft oder die Anlageform ankäme (etwa ein Hausgrundstück[502], Anteile an einer Erbengemeinschaft[503], Schmerzensgeld[504], aus Zugewinn erlangtes Guthaben[505]).

Den Stamm des Vermögens muss der Berechtigte nach § 1577 Abs. 3 BGB ausnahmsweise nicht verwerten, soweit die Verwertung unwirtschaftlich oder unter Berücksichtigung der beiderseitigen Interessen unbillig wäre. Erforderlich ist eine umfassende Billigkeitsabwägung[506]:

- Voraussichtliche Dauer der Unterhaltsbedürftigkeit und der Ertragsmöglichkeit des zur Verfügung stehenden Vermögens[507]
- Belange naher Angehöriger[508]
- Die beiderseitigen wirtschaftlichen Verhältnisse, insbesondere in welcher Höhe sonstiges Vermögen vorhanden oder inwieweit für das Alter vorgesorgt ist[509]

---

[501] Zur Abgrenzung zwischen Einkommen und Vermögen vgl. *Hohm*, in: Schellhorn/Schellhorn, § 90 SGB XII Rn. 15 ff.
[502] BGH FamRZ 1985, 354; BGH FamRZ 1984, 662, 663.
[503] BGH FamRZ 1980, 126, 128.
[504] BGH FamRZ 1988, 1031, 1034.
[505] BGH FamRZ 2003, 1544, 1546.
[506] Zu Einzelheiten vgl. *Dose*, in: Wendl/Dose, § 1 Rn. 612.
[507] BGH FamRZ 1985, 354, 356.
[508] BGH FamRZ 1980, 126, 128.
[509] BGH FamRZ 2006, 1511, 1513.

- Die Verwertung einer angemessenen selbstgenutzten Immobilie kann regelmäßig nicht verlangt werden[510]

Beim Trennungsunterhalt fehlt zwar eine § 1577 Abs. 1, Abs. 3 BGB entsprechende Bestimmung. Eine Verwertungsverpflichtung folgt aber aus § 1361 BGB, wenn der Unterhalt des Berechtigten aus dem Stamm seines Vermögens bestritten werden kann[511]. Diese Verpflichtung geht beim Trennungsunterhalt jedoch weniger weit als beim Scheidungsunterhalt, bei dem jeder der geschiedenen Eheleute grds. wirtschaftlich eigenverantwortlich ist (§ 1569 BGB), während beim Trennungsunterhalt die wirtschaftliche Grundlage der ehelichen Gemeinschaft zunächst nicht beeinträchtigt werden soll. Eheleute haben während der Trennungszeit noch eine stärkere Verantwortung füreinander als nach der Scheidung[512].

Eine Verpflichtung zur Verwertung des Vermögensstamms kann beim Trennungsunterhalt insbesondere angenommen werden, wenn bereits während bestehender ehelicher Lebensgemeinschaft das Vermögen verwertet wurde um den (Familien-) Unterhalt zu decken, mit zunehmender Dauer der Trennung[513] oder bei Vorhandensein weiterer Vermögenswerte[514].

Vergleichbare Grundsätze gelten im Rahmen des Ehegattenunterhaltsverhältnisses auf Seiten des Pflichtigen.

Der Pflichtige muss nach § 1581 S. 2 BGB auch bei eingeschränkter Leistungsfähigkeit den Stamm seines Vermögens nur dann nicht für den nachehelichen Unterhalt verwerten, soweit die Verwertung unwirtschaftlich oder unter Berücksichtigung der beiderseitigen wirtschaftlichen Verhältnisse unbillig wäre[515].

Im Rahmen des Trennungsunterhalts nach § 1361 BGB sind die Grundsätze des § 1581 S. 2 BGB heranzuziehen[516].

An die Voraussetzungen einer Verwertung des Vermögensstamms während der Trennungszeit sind zwar höhere Anforderungen zu stellen als beim nachehelichen

---

[510] BGH FamRZ 2006, 1511, 1513.
[511] BGH FamRZ 1986, 556, 557.
[512] BGH FamRZ 2009, 307, 308 Rn. 17; BGH FamRZ 2008, 963, 966, Rn. 26.
[513] BGH FamRZ 1985, 360, 361.
[514] OLG Hamm FamRZ 1993, 1085, 1087.
[515] BGH FamRZ 1985, 354, 356; BGH FamRZ 1986, 560, 562.
[516] *Dose*, in: Wendl/Dose, §1 Rn. 618.

Unterhalt[517], da während bestehender Ehe den bedürftigen Ehegatten noch ein höheres Maß an Rücksichtnahme auf die Interessen des Pflichtigen trifft als nach Scheidung. Gleichwohl kann auch bereits während des Getrenntlebens eine Vermögensverwertungsobliegenheit für den Pflichtigen nach gebotener umfassender Billigkeitsabwägung bestehen, etwa nach langjähriger Trennung[518] oder bei Vorhandensein anderer Vermögenswerte durch Teilverwertung oder Belastung einzelner Immobilien[519].

b) Verwertung des Vermögensstamms beim Kindesunterhalt

Nach § 1602 Abs. 2 BGB muss ein minderjähriges Kind als Gläubiger sein Vermögen nicht verwerten um seinen Bedarf zu decken. Eine Ausnahme besteht nur bei Leistungsunfähigkeit der Eltern nach § 1603 Abs. 2, S. 3 Hs. 2 BGB.

Eltern hingegen sind nach § 1603 Abs. 2 S. 1 BGB als Schuldner verpflichtet, ihr Vermögen zu verwerten, um in jedem Fall den Mindestunterhalt des Kindes sicherzustellen[520]. Eine Grenze besteht lediglich, wenn dadurch der eigene angemessene Unterhalt der Eltern gefährdet würde[521] oder wenn die Verwertung des Vermögensstamms mit einem wirtschaftlich nicht vertretbaren Nachteil verbunden wäre[522].

Beim volljährigen Kind fehlt eine entsprechende gesetzliche Regelung. Da § 1602 Abs. 1 BGB keine Billigkeitsklausel enthält, beseitigt vorhandenes Vermögen beim volljährigen Kind die Bedürftigkeit und ist grds. einzusetzen[523]. Dies gilt etwa bei (Mit-) Eigentum an einem Mehrfamilienhaus[524] oder Sparvermögen[525].

Eltern sind nach § 1603 Abs. 1 BGB ihren volljährigen Kindern gegenüber (nur) verpflichtet, ihr Vermögen zu verwerten, soweit dadurch nicht der Eigenbedarf tangiert wird. Daraus folgt, dass eine Verwertung des Vermögensstamms nicht

---

[517] BGH FamRZ 2012, 517, 523 Rn. 64.
[518] OLG Karlsruhe FamRZ 1990, 163, 164.
[519] BGH FamRZ 1986, 556, 557.
[520] OLG Koblenz FamRZ 2004, 1515, 1516.
[521] BGH FamRZ 1989, 170, 171 f.
[522] BGH FamRZ 1988, 604, 607.
[523] BGH FamRZ 1998, 367, 368 f.; BGH FamRZ 1986, 48, 50.
[524] OLG Bamberg FamRZ 1999, 876: Kein Schonvermögen nach § 90 Abs. 2 Nr. 8 SGB XII.
[525] BGH FamRZ 2004, 1189 (mit Ausnahme eines Notgroschens, vgl. 90 Abs. 2 Nr. 9 SGB XII).

verlangt werden kann, wenn sie den Unterhaltsschuldner von fortlaufenden Einkünften abschneiden würde, die er zur Erfüllung weiterer Unterhaltsansprüche, anderer berücksichtigungswürdiger Verbindlichkeiten[526] oder zur Bestreitung seines eigenen Unterhalts benötigt. Daraus folgt, dass etwa das angemessene selbst genutzte Familieneigenheim regelmäßig nicht verwertet werden muss, weil es der Befriedigung des Unterhaltsbedarfs des Schuldners und ggf. weiterer Familienangehöriger dient und zugleich Mietaufwendungen erspart[527]. Etwas anderes gilt jedoch etwa für die Zumutbarkeit der Veräußerung einer Ferienimmobilie, die nicht als Einkommensquelle dient[528].

c) Verwertung des Vermögensstamms beim Elternunterhalt

Im Rahmen des Elternunterhalts gilt § 1577 Abs. 3 BGB analog. Ein Elternteil braucht den Stamm seines Vermögens nicht zu verwerten, soweit die Verwertung unwirtschaftlich oder unter Berücksichtigung der eigenen wirtschaftlichen Verhältnisse und der wirtschaftlichen Verhältnisse des in Anspruch genommenen Kindes unbillig wäre. Dem unterhaltsberechtigten Elternteil ist auch zumindest der sozialhilferechtliche Schonbetrag zu belassen (§ 90 Abs. 2 Nr. 9 SGB XII)[529].

Hat der unterhaltsberechtigte Elternteil jedoch darüber hinausgehendes eigenes Vermögen, ist dieses einzusetzen, bevor das Kind auf Unterhalt in Anspruch genommen werden kann[530].

d) Vermögensverwertung aus Anlass der Geburt

Der Anspruch nach § 1615l BGB wegen der Betreuung eines Kindes ist weitgehend identisch mit dem Anspruch nach § 1570 BGB[531], sodass auf die Ausführungen zu t verwiesen werden kann.

---

[526] BGH FamRZ 1989, 170, 171; BGH FamRZ 1982, 157, 158.
[527] Eingehend *Brudermüller* NJW 2004, 633, 637.
[528] BGH FamRZ 1986, 48, 50.
[529] BGH FamRZ 2004, 370, 371.
[530] BGH FamRZ 2006, 935, 936 f. (Teilhabe an einer ungeteilten Erbengemeinschaft: Obliegenheit, auf eine Aufteilung der Erbengemeinschaft hinzuwirken oder den Anteil als Krediunterlag für den Pflegebedarf zu nutzen); vgl. auch OLG Köln FamRZ 2001, 437.
[531] Vgl. BGH FamRZ 2005, 347 und insbesondere die Neufassung der §§ 1570, 1615l, 1609 Nr. 2 BGB im zum 01.01.2008 in Kraft getretenen UÄndG (BT-Drs. 16/6080).

e) Unterhaltsrechtliche Sanktionen

Verstößt der berechtigte Ehegatte gegen seine Obliegenheit zur Verwertung der Vermögenssubstanz oder verfügt er über einen Vermögensstamm verschwenderisch[532], kann der Unterhaltsanspruch nach § 1579 Nr. 4 BGB, der über § 1361 Abs. 3 BGB auch für den Trennungsunterhalt gilt, verwirkt sein. Erforderlich ist ein unterhaltsbezogenes leichtfertiges Verhalten[533]. Als weitere Sanktion kommt die Fiktion des Fortbestandes des Vermögensstamms und korrespondierend damit die Reduzierung oder der Wegfall des Unterhaltsanspruchs gegen den Pflichtigen in Betracht.

Gleichermaßen sind dem Pflichtigen Erträge aus zumutbarer Vermögensnutzung oder Vermögensverwertung fiktiv zuzurechnen, wenn er diese Erträge unterhaltsbezogen leichtfertig nicht erzielt[534] oder unterhaltsbezogen leichtfertig Vermögen verschwendet.

Die Fiktion des fortbestehenden Vermögensstamms setzt neben der Obliegenheit zu seiner Verwertung (vgl. sub. a)) eine kausale Verletzungshandlung voraus. Die unterhaltsrechtlich nicht akzeptable Verwertung des Vermögens muss für die Leistungsunfähigkeit bzw. eingeschränkte Leistungsfähigkeit ursächlich sein[535]. Die Verletzungshandlung, in der hier zu betrachtenden Konstellation der, ggf. doppelte, Güterstandswechsel und die damit verbundene Minderung oder Wegfall des Vermögens müssen unterhaltsrechtlich verantwortungslos, zumindest leichtfertig erfolgt sein[536]. Erst wenn diese Voraussetzungen erfüllt sind, kann das Fortbestehen vormals vorhandenen Vermögens fingiert werden.

Der für eine Fiktion erforderliche Verschuldensmaßstab wird regelmäßig nicht angenommen werden können, wenn lediglich begründet hergeleitete Zugewinnausgleichsansprüche erfüllt werden sollen und auch tatsächlich erfüllt werden.

Anders zu beurteilen sein dürfte die Konstellation in der Zugewinnausgleichsansprüche entweder nicht bestehen, nicht in der errechneten Höhe bestehen, und /

---

[532] OLG Koblenz FamRZ 1990, 41 = NJW-RR 1990, 838, 839.
[533] BGH FamRZ 2001, 541, 544 (Ausgabe des Vermögens für Luxus); BGH FamRZ 1981, 1042 (Verlust des Vermögens aufgrund Spielleidenschaft); *Schürmann*, in: NK-BGB, § 1579 Rn. 45.
[534] BGH FamRZ 1998, 367, 369; BGH FamRZ 1995, 540, 542; OLG Dresden FamRZ 1999, 396, 396; OLG Hamm FamRZ 1999, 917, 919.
[535] BGH FamRZ 2008, 2104, 2105 f.; BGH FamRZ 1986, 668, 668 f.
[536] BGH FamRZ 2011, 1041, 1043; BGH NJW 2003, 3122.

oder nicht intendiert ist, (vermeintliche) Zugewinnausgleichsansprüche zu erfüllen.

Im Fall des BFH[537] vereinbarten die Ehegatten, dass die (von ihnen im Einzelnen berechnete) Zugewinnausgleichsforderung bis zum Tod des ausgleichspflichtigen Ehegatten niedrig verzinslich gestundet werden sollte. Es kam damit tatsächlich nie zu einer Übertragung des Vermögens auf den ausgleichsberechtigten Ehegatten. Weder kam es tatsächlich zu einer Vermögensübertragung noch war diese jemals intendiert. Wenn aber der ausgleichspflichtige Ehegatte auch nach Beendigung des Güterstands der Zugewinngemeinschaft noch Inhaber der dem Zugewinnausgleich unterliegenden Vermögenspositionen bleibt, erscheint die gewählte Gestaltung als ein Verstoß gegen § 242 BGB.

Grundsätzlich ist die Anwendbarkeit allgemeiner Grundsätze in Fällen des Vermögensverbrauchs bedenklich[538]. Der allgemeine Ausschluss der Möglichkeit des Rückgriffs auf allgemeine Grundsätze kann allerdings nur gelten, soweit dem Unterhaltsberechtigten kein sittlich verwerfliches Verhalten vorgeworfen werden kann[539]. Begibt sich der Unterhaltsberechtigte dadurch, dass er freiwillig den Güterstand der Zugewinngemeinschaft beendet und sich dadurch einer Zugewinnausgleichsforderung aussetzt, seiner Vermögenspositionen, stellt dies eine mutwillige Herbeiführung der Bedürftigkeit dar. Liegen keine besonderen Anhaltspunkte für eine derartige Gestaltung vor, stellt dies eine verwerfliche Ausübung rechtlicher Gestaltungsmöglichkeiten dar. Der Unterhaltsberechtigte kann sich sodann nicht auf Bedürftigkeit berufen[540].

Derartige Grundsätze müssen gleichfalls im Hinblick auf den Unterhaltspflichtigen gelten. Begibt sich der Unterhaltspflichtige durch Abschluss eines Ehevertrages und den daraus resultierenden Zugewinnausgleich in die Leistungsunfähigkeit, muss ein Rückgriff auf allgemeine Rechtsgrundsätze (§ 242 BGB) möglich sein. Dies gilt umso mehr, wenn der Unterhaltspflichtige sein Vermögen bislang noch nicht an den ausgleichsberechtigten Ehegatten übertragen hat, sondern dies (niedrig verzinslich) gestundet ist.

---

[537] NJW 2005, 3663.
[538] BGH FamRZ 1982, 792, 794 schließt im Rahmen des § 1579 BGB den Rückgriff auf allgemeine Grundsätze für Fälle aus, in denen der Unterhaltsberechtigte seine Bedürftigkeit schuldhaft herbeigeführt hat.
[539] BGHZ 93, 123, 133.
[540] BGH NJW 1985, 806, 808.

Unterhaltsrechtlich spricht für derartige Konstellationen viel dafür, den Fortbestand des Vermögens zu fingieren.

Mit einer derartigen Fiktion weiter vorhandenen Vermögens, das für Unterhaltszwecke herangezogen werden soll, wird das Problem jedoch in die Vollstreckung verlagert. Eine Vollstreckung des Unterhaltsgläubigers in nur fingiertes Vermögen des Unterhaltsschuldners führt nicht zur Erfüllung der Unterhaltsansprüche.

4. Gebot zusätzlicher güterrechtlicher Sanktionen?

Die hier zu betrachtenden Konstellationen sind gerade dadurch geprägt, dass Vermögen von einem Ehegatten auf den anderen Ehegatten, regelmäßig steuerlich günstig, verlagert wird.

Fraglich ist, ob es in derartigen Konstellationen neben der Prüfung unterhaltsrechtlicher Sanktionen auch einer Prüfung im Hinblick darauf bedarf, ob die Güterstandsschaukel güterrechtlich zu missbilligen ist.

Anerkannt ist, dass ein und derselbe Vermögenswert nicht im Zugewinn und Unterhalt berücksichtigt werden kann (Verbot der zweifachen Teilhabe)[541]. Ein güterrechtlicher Ausgleich eines vorhandenen Vermögenswerts darf nicht stattfinden, soweit diese Vermögensposition bereits auf andere Weise, sei es unterhaltsrechtlich oder im Wege des Versorgungsausgleichs, ausgeglichen wurde. Für das Verhältnis zwischen Zugewinnausgleich und Versorgungsausgleich ergibt sich dies aus § 2 Abs. 4 VersAusglG. Für das Verhältnis zwischen Unterhalt und Zugewinn gilt nichts anderes, auch wenn dies nicht ausdrücklich gesetzlich geregelt ist[542]. Eine solche doppelte Teilhabe kann immer nur eintreten, wenn jeweils dieselbe Vermögensposition ausgeglichen wird. Zwar ist dies im Verhältnis zwischen Unterhalt und Zugewinn regelmäßig nicht der Fall, weil der Zugewinn auf ein stichtagsbezogenes Vermögen gerichtet ist, während der Unterhalt auf Einkünften und Vermögenserträgen aufbaut. Etwas anderes gilt, wie sub. a) dargelegt, wenn jedoch ausnahmsweise der Einsatz des Vermögensstamms für Unterhaltszwecke erforderlich ist[543]. In diesen Konstellationen ist anerkannt, dass im Umfang der unterhaltsrechtlichen Berücksichtigung ein zusätzlicher güterrechtlicher Ausgleich ausgeschlossen ist[544].

---

[541] BGH FamRZ 2003, 432, 433; BGH FamRZ 2003, 1544, 1546; BGH FamRZ 2008, 761, 762 m. Anm. *Hoppenz*; *Schulz/Hauß*, 1. Kapitel Rn. 112.
[542] BGH FamRZ 2011, 622, 625; BGH FamRZ 2003, 432, 433.
[543] BGH FamRZ 2011, 622, 625; BGH FamRZ 2008, 761, 762.
[544] BGH FamRZ 2004, 1352, 1353; *Gerhardt*, in: Wendl/Dose, § 4 Rn. 480 ff.

Fraglich ist, ob spiegelbildlich auch bei den Sanktionen ein güterrechtlicher Missbrauch zu verneinen ist, wenn das vorwerfbare Verhalten (nicht gerechtfertigte Aufgabe der Vermögenssubstanz) bereits unterhaltsrechtlich sanktioniert ist (entweder durch Fiktion des fortbestehenden Vermögensstamms und / oder Verwirkung), oder ob darüber hinaus weitere Sanktionen erforderlich sind um die Interessen des Unterhaltsberechtigten effektiv zu schützen. Wie oben dargelegt, führt eine Vollstreckung in den fingierten Vermögensstamm auf Seiten des Pflichtigen nicht zu einer Erfüllung des Unterhaltsanspruchs.

a) Güterrechtliche Sanktionen beim Unterhaltsberechtigten

Auf Seiten des Unterhaltsberechtigten erscheinen güterrechtliche Sanktionen nicht erforderlich. Begibt sich der Unterhaltsberechtigte durch einen (doppelten) Güterstandswechsel in die Bedürftigkeit, kommt eine Verwirkung des Unterhaltsanspruchs nach § 1579 Nr. 4 BGB in Betracht.

Einer darüber hinausgehenden güterrechtlichen Sanktion bedarf es in diesen Fällen nicht.

b) Güterrechtliche Sanktionen beim Unterhaltspflichtigen

Ist Unterhalt gegen den Unterhaltspflichtigen tituliert und möchte der Unterhaltsberechtigte aus diesem Titel vollstrecken, kann sich das Problem ergeben, dass eine derartige Vollstreckung leer laufen würde. Der Unterhaltspflichtige verfügt unter Umständen nach erfolgtem (doppelten) Güterstandswechsel über keinerlei Vermögen mehr, in das wirksam vollstreckt werden könnte.

Auch bei einer Fiktion des vormals vorhandenen Vermögens ändert dies an der Möglichkeit der Vollstreckung nichts. Allein über die Fiktion des Vermögens ist der Unterhaltsberechtigte damit nicht hinreichend geschützt. Es stellt sich damit die Frage, ob in derartigen Konstellationen die Güterstandsschaukel unwirksam ist.

Der Grundsatz der Privatautonomie begründet auch die Annahme, dass die Rechtsfolgen eines Vertrages grds. immer nur die an ihm beteiligten Vertragsparteien treffen sollen[545]. Demgemäß ist ein Vertrag zu Lasten Dritter grds. unzulässig[546]. Vereinbaren die Ehegatten allerdings Gütertrennung und anschließend erneut den Güterstand der Zugewinngemeinschaft, hat dies in Fällen, in denen der Unterhalt aus dem Vermögensstamm des Unterhaltspflichtigen zu bestreiten ist, zumindest mittelbar auch Auswirkungen auf Dritte. In diesem Fall würde der Ehevertrag nämlich dazu führen, dass er zu Lasten eines Dritten, des Unterhaltsberechtigten, geschlossen werden würde. Inwiefern diese mittelbare Benachteiligung ausreicht, um das Vorliegen eines Vertrages zu Lasten Dritter zu bejahen, erscheint fraglich. Allein die Tatsache, dass die Ansprüche eines Unbeteiligten durch die gewählte Art der Vertragsgestaltung berührt werden reicht für sich genommen nicht aus, um die Unwirksamkeit des Rechtsgeschäfts zu begründen. Verträge, die die rechtliche Freiheit eines Dritten lediglich mittelbar einschränken und eine unmittelbare Wirkung auf den Dritten gerade nicht erfolgt, sind grds. zulässig[547]. Gleiches Verhalten müssen sich auch Pflichtteilsberechtigte entgegenhalten lassen, deren Pflichtteil durch den doppelten Güterstandswechsel gemindert wird, soweit dies nicht in schädigender Absicht geschieht[548]. Ein Verstoß gegen das Verbot eines Vertrages zu Lasten Dritter dürfte damit nicht vorliegen.

Allerdings widerspricht es dem Grundsatz von Treu und Glauben, einem Anspruch des Unterhaltsberechtigten dadurch seine Werthaltigkeit zu entziehen, indem der Unterhaltsverpflichtete sich durch eine gewillkürte Beendigung des Güterstands der Zugewinngemeinschaft seiner Mittel begibt. Hier kann auch eine Analogie zu § 8 Abs. 2 VersAusglG gezogen werden. Ziel dieser Vorschrift ist es, in Anlehnung an den Grundsatz des Verbots von Verträgen zu Lasten Dritter, eine Vereinbarung über Versorgungsanrechte von der Zustimmung der Versorgungsträger abhängig zu machen, damit diese durch die Vereinbarung der Parteien nicht benachteiligt werden[549]. Wenngleich ein doppelter Güterstandswechsel auch in derartigen Konstellationen nicht per se rechtsmissbräuchlich ist, muss

---

[545] Vgl. *Wolf/Neuner*, BGB-AT, § 23 Rn. 13; Ausnahmen hiervon bilden etwa der Vertrag zu Gunsten Dritter (§ 328 BGB), der Vertrag mit Schutzwirkung für Dritte oder auch die Eheschließung als familienrechtlicher Vertrag, die im Rahmen der güterrechtlichen Verhältnisse auch Wirkung gegenüber Dritten entfalten kann.
[546] BVerfGE 73, 261, 270; BGHZ 78, 369, 374; *Stürner/Medicus*, in: PWW, § 328 Rn. 11.
[547] *Martens* AcP 177 (1977), 113, 141, 164 ff.
[548] Vgl. Teil 2 sub. B. II. 1.
[549] *Holzwarth*, in: Johannsen/Henrich, Familienrecht, § 8 Rn. 17.

die gewählte Art der Gestaltung dennoch einer intensiven und einzelfallbezogenen Kontrolle nach § 242 BGB standhalten. Auch in diesem Rahmen dürfte der Intention der gestaltenden Personen sodann entscheidende Bedeutung zukommen. Parallel der Beurteilung im Rahmen der Frage der Pflichtteilsfestigkeit ist auch hier danach zu differenzieren, ob die Ehegatten mit der Gestaltung primär außereheliche Ziele – in diesem Fall eine Verkürzung des Unterhaltsanspruchs – verfolgen. In diesem Fall würde die Güterstandsschaukel einen Verstoß gegen § 242 BGB darstellen.

III. Zwischenergebnis zivilrechtliche Grenzen der Gestaltung

Aufgrund der durch § 1408 BGB gewährten weitreichenden Ehevertragsfreiheit im Allgemeinen und auf dem Gebiet des Ehegüterrechts im Besonderen, stellt die Güterstandsschaukel ein Gestaltungsmittel dar, mit dessen Hilfe sich die güterrechtlichen Verhältnisse der Ehegatten umfassend neu strukturieren lassen.

Weder die Zahl der Urkunden, noch eine nur kurze Verweildauer im Güterstand der Gütertrennung vermögen an der grundsätzlichen Zulässigkeit und Wirksamkeit der ehevertraglichen Gestaltung etwas zu ändern, wenn der Güterstand der Zugewinngemeinschaft tatsächlich beendet worden ist. Hierbei kommt es entscheidend nicht allein auf die Berechnung der Zugewinnausgleichsforderung an, sondern vielmehr auf die tatsächliche Erfüllung dieser Forderung durch den zugewinnausgleichspflichtigen Ehegatten. Die güterrechtlichen Wirkungen der Gütertrennung bzw. der Beendigung der Zugewinngemeinschaft müssen tatsächlich eintreten.

Allerdings ist diese grundsätzliche Zulässigkeit des Instruments zivilrechtlich insbesondere dadurch beschränkt, dass durch die Gestaltung Rechte Dritter (Pflichtteilsverkürzung, Gläubigerbenachteiligung oder Verkürzung von Unterhaltsansprüchen bzw. Schaffen eines Unterhaltsanspruchs) beeinträchtigt werden könnten. Damit ist zur Beurteilung der Zulässigkeit der Güterstandsschaukel eine Einzelfallbetrachtung geboten. Entscheidend sind stets die persönlichen Umstände der Ehegatten und sowohl die Art der Gestaltung als auch deren tatsächliche Umsetzung.

Während dem „Grundfall" der Güterstandsschaukel, also dem Wechsel von der Zugewinngemeinschaft in die Gütertrennung und zurück in die Zugewinngemeinschaft bei tatsächlicher Durchführung kaum Bedenken begegnen, stellen sich Fälle, in denen der Berechnungszeitpunkt des Anfangsvermögens rückdatiert wird, oder bei denen es zu keiner tatsächlichen Abwicklung der Zugewinnausgleichsforderung kommt, im Hinblick auf eine rechtsmissbräuchliche Gestaltung deutlich kritischer dar. Wenngleich auch hier nicht per se von einer Unwirksamkeit ausgegangen werden kann[550], ist eine intensivere Prüfung der Wirksamkeit vorzunehmen. In diesen Fällen kann die Anzahl der Urkunden oder der kurze zeitliche Abstand zwischen dem Wechsel in die Gütertrennung und zurück in die Zugewinngemeinschaft ein Indiz für eine rechtsmissbräuchliche Gestaltung sein.

---

[550] Vereinbaren die Ehegatten etwa, dass die Zugewinnausgleichsforderung ratierlich zu zahlen ist oder diese gestundet wird, dürfte dies nicht gegen die Unwirksamkeit der Gestaltung sprechen, sofern diese Vereinbarungen auch im Rahmen eines Vertrages mit Dritten getroffen worden wären, also etwa eine marktübliche Verzinsung der Forderung und eine Vollstreckungsunterwerfung vereinbart sind.

Teil 3 – Ergebnisse, praktische Umsetzung und Ausblick

A. Zusammenfassung der bisherigen Ergebnisse

Die Güterstandsschaukel ist sowohl in zivilrechtlicher, wie auch in steuerrechtlicher Hinsicht ein grds. zulässiges Mittel zur Neuordnung der güterrechtlichen Verhältnisse während Fortbestehens der Ehe.

Die bisherigen Ergebnisse lassen sich wie folgt zusammenfassen:

- Das deutsche Recht sieht grds. keinen unbegrenzten steuerfreien Vermögenstransfer zwischen Ehegatten vor. Es behandelt Ehegatten, mit Ausnahme von Sonderregelungen wie Freibeträgen, insbesondere im Steuerrecht wie Dritte.
- § 1408 BGB räumt den Ehegatten weitgehende ehevertragliche Gestaltungsfreiheit ein.
- Damit kann auch während Bestehens der Ehe der Güterstand (mehrfach) gewechselt werden. Mit dem einmal erfolgten Wechsel tritt keine „Unwandelbarkeit" des Güterstandes ein, vielmehr können die Ehegatten den Güterstand beliebig wechseln. Damit besteht zivilrechtlich die Möglichkeit, in und aus dem Güterstand der Zugewinngemeinschaft zu „schaukeln".
- Die Beendigung des Güterstands der Zugewinngemeinschaft löst gesetzlich den Zugewinnausgleichsanspruch aus. Dieser gewährt dem Ehegatten, der den geringeren Zugewinn erwirtschaftet hat, einen Anspruch auf Zahlung des hälftigen Differenzbetrages des jeweils erwirtschafteten Zugewinns.
- Die Erfüllung des Zugewinnausgleichsanspruchs stellt keinen steuerbaren Vorgang auf Seiten des Zugewinnausgleichsberechtigten dar, weil durch die Zahlung des Zugewinnausgleichsbetrags lediglich die gesetzliche Verpflichtung des § 1378 BGB erfüllt wird. Es handelt sich bei der Erfüllung des Zugewinnausgleichsanspruchs nicht um eine vertragliche Leistung. Wenngleich der Ehevertrag die Ursache bzw. der Auslöser des Entstehens der Zugewinnausgleichsforderung ist, entsteht der Anspruch dennoch aufgrund der gesetzlichen Vorschrift des § 1378 BGB.
- Die Güterstandsschaukel ist sowohl zivilrechtlich als auch steuerrechtlich grds. zulässig. Grundsätzliche Bedenken bestehen nicht, da es sich bei der Güterstandsschaukel um ein Gestaltungsinstrument handelt, das der Gesetzgeber geschaffen hat und bei dessen Anwendung in einer Vielzahl an

Fallkonstellationen keine Bedenken gegen die Zulässigkeit bestehen. Im Rahmen des konkreten Falles kann das Instrument dennoch missbräuchlich oder unwirksam sein.
- Es ist entscheidend, dass der Güterstand der Zugewinngemeinschaft tatsächlich beendet wird und die Ehegatten die Folgen des Güterstandswechsels erfahren. Eine „Totalbeendigung" des Güterstands der Zugewinngemeinschaft ist nicht erforderlich. Gleichfalls muss der Güterstand der Gütertrennung nicht für einen Mindestzeitraum (etwa drei Jahre) bestehen. Die Rückkehr in die Zugewinngemeinschaft, also das „Schaukeln" zwischen Güterständen ist damit möglich.
- Ein „fliegender Zugewinnausgleich", also die Erfüllung des (fiktiven) Zugewinnausgleichsanspruchs bei Fortbestand des Güterstands der Zugewinngemeinschaft ist nicht steuerfrei möglich. Hierbei wird das Erfordernis der Beendigung der Zugewinngemeinschaft gerade nicht erfüllt.
- Die Steuerfreiheit des Zugewinnausgleichsanspruchs wird damit konsequent an die tatsächliche Beendigung des Güterstands der Zugewinngemeinschaft geknüpft.
- Formale Kriterien (Anzahl der Urkunden, Dauer des Bestehens der Gütertrennung) haben keine Auswirkung auf die Wirksamkeit der Güterstandsschaukel. Sie können allerdings ein Indiz für einen Missbrauch darstellen. Hierfür müssen jedoch weitere Umstände hinzutreten.
- Grenzen findet die Gestaltung in zivilrechtlicher Hinsicht wenn hierdurch Rechte Dritter berührt werden. Dies können (insbesondere aus dem familiären Umfeld) entweder die Rechte von Pflichtteilsberechtigten oder Unterhaltsgläubigern sein. Es können aber auch sonstige Gläubiger durch die Gestaltung der Güterstandsschaukel in ihren Rechten beeinträchtigt werden. In diesen Fällen ist eine Missbrauchskontrolle erforderlich.
- Im Rahmen der Kernbereichslehre gilt der Zugewinnausgleich als kernbereichsfern. Bei der Gestaltung von Regelungen zum Zugewinnausgleich steht Ehegatten damit die größtmögliche Gestaltungsfreiheit zu. In Fällen der Funktionsäquivalenz von Zugewinnausgleich und Versorgungsausgleich verändert sich aber der Rang des Zugewinnausgleichs.
- Kommt es den Ehegatten bei der Gestaltung des doppelten Güterstandswechsel tatsächlich darauf an, ihre güterrechtlichen Verhältnisse umzu-

strukturieren und sollen hierdurch weder Pflichtteilsansprüche verkürzt oder Unterhaltspflichten umgegangen werden, ist das Instrument nicht rechtsmissbräuchlich.
- Missbrauchsgefahr besteht in steuerrechtlicher Hinsicht jedoch, wenn die Gestaltung umständlich und gekünstelt wird. Wird der Boden der tatsächlichen güterrechtlichen Umstrukturierung verlassen, besteht die Gefahr, dass ein Verstoß gegen § 42 AO vorliegt. Soll der Zugewinnausgleich nicht durchgeführt werden, sondern der Anspruch atypisch niedrig und gar nicht verzinslich gestundet werden, ist hierin ein Verstoß gegen § 42 AO zu sehen.
- Gleiches gilt, wenn der zugewinnausgleichsberechtigte Ehegatte über den ihm zustehenden Ausgleichsanspruch und damit -betrag nicht verfügen kann.
- In steuerrechtlicher Hinsicht ergibt sich kein Wertungswiderspruch zwischen der Durchführung der Güterstandsschaukel und der Tatsache, dass grds. keine unbeschränkten Vermögensübertragungen zwischen Ehegatten steuerfrei möglich sind. Die Anknüpfung der Steuerfreiheit des Zugewinnausgleichsanspruchs an die gesetzliche Folge des § 1378 BGB ist folgerichtig.

Entgegen der vielfachen Darstellung, dass es sich bei der Güterstandsschaukel aufgrund der „Absegnung" sowohl durch den BGH[551] als auch den BFH[552] um ein grenzenlos rechtssicheres Gestaltungsinstrument handele, ist die Beratung dahingehend, die vermögensrechtlichen Verhältnisse durch dieses Instrument neu zu organisieren und verteilen – und insofern entgegen der vielfachen Betonung der Rechtssicherheit dieses Instruments – mit (starken) Risiken und Unsicherheiten behaftet. Sofern die Güterstandsschaukel „konservativ" eingesetzt wird und es den Ehegatten primär auf die Übertragung von Vermögen vom ausgleichspflichtigen auf den ausgleichsberechtigten Ehegatten ankommt, handelt es sich bei der Güterstandsschaukel um ein zulässiges Mittel hierzu. Allerdings ist durch die vielfältigen Gestaltungsmöglichkeiten schnell die Grenze des Zulässigen erreicht. Der vom BFH[553] entschiedene Fall stellt einen Fall des Missbrauchs von rechtlichen Gestaltungsmöglichkeiten dar.

---

[551] NJW 1992, 558.
[552] ZEV 2005, 490 mit Anm. *Münch*.
[553] ZEV 2005, 490 mit Anm. *Münch*.

Darüber hinaus bestehen allerdings noch weitere Unwägbarkeiten. Zum einen ist die Entwicklung der vom BGH entwickelten Kernbereichslehre unklar. Verschiebt sich das eheliche Güterrecht, wie etwa von *Dauner-Lieb* vertreten[554], aufgrund des bestehenden Spannungsverhältnisses zur Rechtsprechung des BGH, Abfindungsklauseln in Gesellschaftsverträgen einer Inhaltskontrolle zu unterwerfen[555], weiter in Richtung des Kernbereichs, dürfte der Gestaltungsspielraum ehevertraglicher Vereinbarungen im Rahmen des Güterrechts deutlich schmaler werden.

Zum anderen ist auch unklar, wie eine bislang noch ausstehende (tatsächlich durchgeführte) Missbrauchskontrolle der Obergerichte ausfallen würde. Es erscheint äußerst fraglich, ob eine der Entscheidung des FG Köln[556] vergleichbare Konstellation erneut ohne tiefergehende und umfassende Prüfung eines Missbrauchstatbestandes als in steuerrechtlicher und zivilrechtlicher Hinsicht unbedenklich entschieden werden würde. Dies gilt zwar im besonderen Maße in Extremfällen, wie der dem Urteil des BFH zu Grunde liegende Fall[557], aber allgemein auch für sämtliche Konstellationen, in denen der Güterstand der Zugewinngemeinschaft ehevertraglich beendet wird, da grds. davon auszugehen ist, dass die Finanzämter die Gestaltungen nunmehr verstärkt untersuchen werden.

Der doppelte Güterstandswechsel widerspricht in extrem gelagerten Fällen – gerade in der vom BFH entschiedenen Gestaltung – bereits dem Rechtsempfinden. Dass sich der BFH an die Feststellungen des Instanzgerichts gebunden sah und demzufolge keine höchstrichterliche Missbrauchskontrolle erfolgte, zeigt, dass weitergehende Betrachtungen im Hinblick auf die Rechtssicherheit erforderlich sind. Ein Einschreiten des Gesetzgebers ist sowohl vorstellbar als auch wünschenswert. Insbesondere aus Sicht der in die Vermögensverhältnisse bestens involvierten Steuerberater[558] bestehen im Hinblick auf die Rechtssicherheit der Güterstandsschaukel (teilweise) erhebliche Bedenken, zumindest aber Unsicherheiten. Das Instrument wurde nur in einer sehr überschaubaren Anzahl an Fällen erörtert und in den wenigsten Fällen tatsächlich umgesetzt.

---

[554] *Dauner-Lieb*, in: FS Brudermüller, 99 ff.
[555] Vgl. hierzu umfassend *Dauner-Lieb* AcP 201 (2001), 295, 312 ff.
[556] DStRE 2002, 1248.
[557] ZEV 2005, 490
[558] Persönlich geführte Gespräche mit StB Friedhelm Kesting und StB und WP Uwe Landau im März und April 2015.

Der doppelte Güterstandswechsel ist noch immer mit großen Unsicherheiten behaftet. Gerade in Fällen des Güterstandswechsels von der Gütertrennung in die (rückwirkend vereinbarte) Zugewinngemeinschaft wird regelmäßig angenommen, dass dies nicht zu einer Privilegierung des Zugewinnausgleichsbetrags und damit nicht zu einer steuerfreien Vermögensübertragung führen kann.

Die Zahl der Fälle, in denen der doppelte Güterstandswechsel sinnvoll ist, ist allerdings auch beschränkt. Handelt es sich bei den Ehegatten, bei denen die Güterstandsschaukel in Betracht kommt um noch verhältnismäßig junge Menschen, tendiert eine langfristige Beratung dahin, lediglich Vermögen im Rahmen der Freibeträge des § 16 ErbStG (z.B. 500.000,- € für den Ehegatten und jeweils 400.000,- € für jedes Kind) zu übertragen. Wenn diese Beratung frühzeitig beginnt, kann dadurch, dass diese Freibeträge alle zehn Jahre gewährt werden, bereits erhebliches Vermögen übertragen werden. Darüber hinaus wird vielfach durch die Übertragung des Familieneigenheims auf den weniger begüterten Ehegatten gleichfalls Vermögen steuerfrei übertragen.

In Konstellationen, in denen das Vermögen der Ehegatten, oder eines der Ehegatten jegliche Freibeträge überschreitet, wird vielfach auf Institutionen zurückgegriffen, die bei der Regelung der Vermögensverhältnisse beratend unterstützen. Diese Institutionen empfehlen regelmäßig das Instrument der Güterstandsschaukel als „Standard-Instrument" zur steuerfreien Vermögensübertragung zwischen Ehegatten[559]. Handelt es sich hierbei um „liquides" Vermögen, dürften der Güterstandsschaukel regelmäßig auch keine Bedenken entgegenstehen, da sie tatsächlich vollzogen wird. Ist das Vermögen des zugewinnausgleichspflichtigen Ehegatten allerdings gebunden und kann nicht auf den ausgleichsberechtigten Ehegatten übertragen werden, ergeben sich Konstellationen, die der Entscheidung des BFH[560] zugrunde lagen.

Übersteigt das Vermögen der Ehegatten diese Freibeträge, kommt es in vielen Fällen jedoch auch zu der Gründung einer Familienstiftung.

Eine Familienstiftung ist eine selbstständige juristische Person zur Erreichung eines dauernden Zwecks, der nur durch den Willen des Errichters bestimmt wird[561] und deren Begünstigte (Destinatäre) in einem verwandtschaftlichen Verhältnis

---

[559] Persönliches Gespräch mit Herrn Sascha Fuchs, Direktor der Feri AG in Bad Homburg, geführt am 08.05.2015.
[560] ZEV 2005, 490.
[561] BVerwG NJW 1998, 2545, 2546; *Zimmermann* NJW 2011, 2931, 2932.

zum Stifter stehen. Sie gehören zu den normal besteuerten privatnützigen Stiftungen. Besondere steuerliche Vorteile (wie etwa bei gemeinnützigen oder kirchlichen Stiftungen) sind mit einer Familienstiftung nicht verbunden. Die Familienstiftung unterliegt im laufenden Ertrag der Körperschaftsteuer und alle 30 Jahre der (verfassungsrechtlich unbedenklichen[562]) Erbersatzsteuer nach § 1 Abs. 1 Nr. 4 ErbStG nach den Tarifsätzen der Steuerklasse 1 des ErbStG (zurzeit maximal 30 Prozent). Der Gesetzgeber behandelt Familienstiftungen damit so, als fiele alle 30 Jahre ein Erbfall an und stellt damit eine typisierende Betrachtung auf eine durchschnittliche Generationenfolge an[563]. Hierbei werden fiktiv zwei Kinder als Erben angenommen, sodass zwei Mal ein Kinderfreibetrag abgezogen werden kann. Die erbschaftsteuerliche Begünstigung des Betriebsvermögens kommt auch der Familienstiftung zugute. Der Erbersatzsteuer unterliegt eine inländische Stiftung nur, sofern sie wesentlich im Interesse einer Familie oder bestimmter Familien errichtet ist, § 1 Abs.1 Nr. 4 ErbStG. Hiervon dürfte bei einer Gestaltung der Familienstiftung als Ersatz der Erbfolge stets auszugehen sein. Sonstige privatnützige Stiftungen unterliegen dieser Steuer nicht, ebenso nicht ausländische Familienstiftungen, diese auch dann nicht, wenn sie inländisches Vermögen haben.

Inländische Destinatäre versteuern die erhaltenen Ausschüttungen nach dem Halbeinkünfteverfahren.

---

[562] BVerfG NJW 1983, 1841, 1841 f.
[563] BVerfG NJW 1983, 1841, 1841.

B. De lege lata

Aufgrund der Vertragsfreiheit im Allgemeinen und der Tatsache, dass güterrechtliche Regelungen einer Vereinbarung zwischen den Ehegatten am ehesten zugänglich sind[564], im Besonderen, ist die Güterstandsschaukel de lege lata grds. ein legitimes Mittel um die vermögensrechtlichen Verhältnisse unter den Ehegatten neu zu ordnen. Diese Vertragsfreiheit derart einzuschränken, dass ein mehrfacher Wechsel zwischen den Güterständen nicht mehr zulässig und möglich sein soll, ginge zu weit und ist nicht erforderlich. Damit kann ein mehrfacher Güterstandswechsel vollzogen werden.

Wegen der nach wie vor bestehenden rechtlichen Unwägbarkeiten sind in der Urkunde sämtliche beruflichen und privaten Umstände der Ehegatten, die im Rahmen einer etwaigen Missbrauchskontrolle von Bedeutung sein könnten, darzulegen. Die stark einzelfallbezogene Missbrauchsprüfung bedingt, dass hier lediglich anhand eines Beispiels ein rechtssicherer Ehevertrag aufgezeigt werden.

I. Ehevertragsentwurf für die Gestaltung der Güterstandsschaukel in einer Urkunde

Vertragsentwurf[565] eines m.E. zulässigen und weder gegen § 242 BGB noch gegen § 42 AO verstoßenden doppelten Güterstandswechsels in einer Urkunde:

UR Nr.

Vom...

Heute, den ...

erschienen vor mir,

...

Notar in ...

    1.   Frau ..., geborene ...
           geboren am ... in ...
    2.   Deren Ehemann,
           Herr ...,

---

[564] Vgl. Teil 2 sub. B. I. 2. b) aa) sowie die Rechtsprechung des BGH zur sog. „Kernbereichslehre".
[565] In Anlehnung an *Münch*, Ehebezogene Rechtsgeschäfte, Rn. 1103.

geboren am ... in ...

beide wohnhaft ..., in ...

Nach Angabe im gesetzlichen Güterstand der Zugewinngemeinschaft verheiratet.

Die Erschienen sind dem Notar von Person bekannt.

Der Notar hat das Mitwirkungsverbot nach § 3 Abs. 1 Nr. 7 BeurkG erläutert. Seine Frage nach einer Vorbefassung im Sinne dieser Vorschrift wurde verneint.

Die Erschienenen wünschen die Errichtung eines Ehevertrags.

Sie erklären bei gleichzeitiger Anwesenheit gemeinsam mündlich mit dem Ersuchen um Beurkundung was folgt:

I. Allgemeines und Vorbemerkungen

Wir sind beide in erster Ehe verheiratet. Aus der Ehe sind die Kinder ... und ... hervorgegangen. Sie sind sowohl von ... als auch von ... die einzigen Pflichtteilsberechtigten.

Wir haben beide keine außerehelichen Kinder oder sonstige unterhaltsberechtigte Personen.

Unsere Ehe haben wir am ... vor dem Standesbeamten in ... unter der Heiratsnummer ... geschlossen ...

Wir sind beide deutsche Staatsangehörige.

Wir haben bisher keinen Ehevertrag geschlossen und sind im gesetzlichen Güterstand der Zugewinngemeinschaft verheiratet.

Ich, Frau ..., war und bin nicht berufstätig. Wir haben die Übereinkunft, dass ich unsere gemeinsamen Kinder versorge und den gemeinsamen Haushalt führe.

Ich, Herr ..., bin unbeschränkt haftender Gesellschafter der ... Privatbank. In dieser Funktion bestehen derzeit keinerlei Forderungen gegen mich. Ich möchte meine Stellung als persönlich haftender Gesellschafter der Bank beibehalten. Allerdings ist es mein Wunsch, dass mein bislang erworbenes Vermögen zumindest in Teilen dieser Haftung nicht unterfällt. Ich möchte, dass meine Ehefrau ... auch während bestehender Ehe und nicht erst nach meinem Tod, wirtschaftlich umfänglich abgesichert ist. Auch zwecks Reduzierung des Haftungsrisikos, vor allem aber zur Neuordnung unserer güterrechtlichen Verhältnisse möchten wir diesen Ehevertrag schließen, den Zugewinnausgleich durchführen und damit das sich im Rahmen des Zugewinnausgleichsanspruchs resultierende Vermögen auf meine Ehefrau ... übertragen.

Es ist unser beider Ziel, dass wir danach in den Güterstand der Zugewinngemeinschaft zurückkehren, da wir beide am sodann erwirtschafteten Zugewinn des jeweils anderen Ehegatten partizipieren möchten[566].

II. Güterstand

Als Güterstand für unsere Ehe soll ab dem heutigen Tag die Gütertrennung nach Maßgabe des Bürgerlichen Gesetzbuches gelten.

Uns ist bekannt, dass durch die Vereinbarung der Gütertrennung

a) Keine Haftungsbeschränkung gegenüber Gläubigern eintritt,
b) Jeder Ehegatte über sein Vermögen frei verfügen kann,
c) Beim Tod eines von uns beiden das Erb- und Pflichtteilsrecht des Überlebenden am Nachlass des Zuerstversterbenden sich vermindern und das Erb- und Pflichtteilsrecht der Kinder oder sonstiger Abkömmlinge sich erhöhen kann,
d) Bei Auflösung der Ehe kein Zugewinnausgleich stattfindet,
e) Die Privilegierung des § 5 ErbStG keine Anwendung findet.

Die Gütertrennung soll derzeit nicht in das Güterrechtsregister eingetragen werden. Jeder von uns beiden ist jedoch berechtigt, den Eintragungsantrag jetzt oder künftig alleine zu stellen.

Der bisher erzielte Zugewinn soll ausgeglichen werden. Hierzu stellen wir fest, dass sich der Zugewinn des Ehemannes seit Eheschließung bis heute unter Anwendung der §§ 1372 ff. BGB auf 5.000.000,- € beläuft. Der Zugewinn der Ehefrau beträgt im gleichen Zeitraum auf 500.000,- €. Auf die in der Anlage erfolgte Berechnung des Zugewinns nehmen wir Bezug.

Somit hat die Ehefrau einen Anspruch auf Zugewinnausgleich in Höhe von 2.250.000,- €.

---

[566] Weitere Ausführungen zu den Vermögens- und Einkommensverhältnissen der Ehegatten, sowie zu deren Intentionen im Hinblick auf die Güterstandsschaukel, ihre weitere private und berufliche Lebensplanung etc. sind hier vorstellbar und sinnvoll.

Der Ehemann verpflichtet sich hiermit seiner Ehefrau gegenüber zur Zahlung des Betrages in Höhe von 2.250.000,- € binnen eines Monats nach Abschluss dieses Vertrages.

Sollte der Ehemann mit der Zahlung des Ausgleichsbetrages in Rückstand geraten, ist der Betrag in Höhe von 2.250.000,- € mit drei Prozentpunkten über dem jeweiligen Basiszinssatz zu verzinsen.

Der Ehemann unterwirft sich wegen des Anspruchs auf Zahlung des Zugewinnausgleichs der sofortigen Zwangsvollstreckung aus dieser Urkunde in sein gesamtes Vermögen. Eine vollstreckbare Ausfertigung kann ohne weitere Nachweise erteilt werden.

Die Vertragsparteien sind sich darüber einig, dass damit der Zugewinnausgleich für die gesamte Ehezeit bis heute vollständig durchgeführt ist und keine weiteren gegenseitigen Ansprüche in Bezug auf den Zugewinnausgleich bestehen.

III. Versorgungsausgleich und Ehegattenunterhalt

Ansprüche auf Versorgungsausgleich und Unterhalt bleiben unberührt.

IV. Aufhebung der Gütertrennung, Vereinbarung der Zugewinngemeinschaft

Mit Leistung des Zugewinnausgleichs heben wir den Güterstand der Gütertrennung auf und vereinbaren für unsere Ehe erneut den Güterstand der Zugewinngemeinschaft. Als Anfangsvermögen eines jeden Ehegatten gilt dasjenige Vermögen, das ihm an diesem Tag gehört.

V. Belehrungen, Hinweise, Schlussbestimmungen

[...]

Wir beantragen die Erteilung je einer Ausfertigung dieser Urkunde.

Die Kosten dieser Urkunde tragen wir gemeinsam.

II. Erläuterungen

Die beratende Praxis hat dem Umstand Rechnung zu tragen, dass höchstrichterlich bislang noch keine Missbrauchskontrolle durchgeführt worden ist. Aufgrund dieser Tatsache sollten bereits in der Urkunde sämtliche potentiell missbräuchlichen Gestaltungsvarianten ausgeschlossen und die Bedenken im Hinblick auf einen Rechtsmissbrauch grds. frühzeitig ausgeschlossen werden. Dies gilt umso mehr als das BVerfG das Urteil vom 17.12.2014[567] dazu genutzt hat, die Finanzgerichte an ihren Gestaltungsauftrag zur Bekämpfung der Steuerumgehung zu erinnern. Mit dieser noch jungen Entscheidung bleibt abzuwarten, ob die Finanzgerichte diesem Auftrag nachkommen und künftig „grenzwertige" Gestaltungen einer strengeren Missbrauchskontrolle unterziehen, als dies in der Vergangenheit der Fall war[568]. Auch die Einschätzung des Gesetzgebers, dass von der Regelung des § 42 AO zu zurückhaltend Gebrauch gemacht werde[569], lässt einen Anstieg der Anwendungsfälle erwarten. Es ist damit zu rechnen, dass zukünftig von der Regelung des § 42 AO auch von der Finanzverwaltung mehr Gebrauch gemacht werden wird[570], was die Wahrscheinlichkeit einer gerichtlichen Überprüfung grenzwertiger Gestaltungen steigen lässt.

Entgegen vielfacher Darstellungen in Formularbüchern[571] sollten damit weniger formale Aspekte wie die Anzahl der Urkunden oder die Verweildauer im Güterstand der Gütertrennung als „Schamfrist" im Mittelpunkt der Gestaltung stehen, sondern inhaltliche Elemente. Im Rahmen der für Eheverträge nahezu unverzichtbaren Präambel[572] sind detailliert die persönlichen und wirtschaftlichen Verhältnisse der Ehegatten dazustellen. Durch die Darlegung dieser Verhältnisse kann etwa bereits sichergestellt werden, dass durch die Güterstandsschaukel keine Pflichtteilsansprüche von Kindern aus erster Ehe des ausgleichspflichtigen Ehegatten verkürzt werden.

---

[567] DStR 2015, 31.
[568] Dies bedingt selbstverständlich, dass zunächst die Finanzverwaltung im Rahmen der Prüfung von Erbschaftsteuererklärungen einen strengeren Prüfungsmaßstab anlegt und Fälle des doppelten Güterstandswechsels einer gerichtlichen Kontrolle unterwirft.
[569] *Hahn* DStZ 2008, 483, 491.
[570] So auch *Hüttemann* DStR 2015, 1146, 1146.
[571] Vgl. etwa *Münch*, in: Beck'sches Formularbuch Familienrecht, H. I. 3, Anm. 2.
[572] *Brambring*, in: Münchener Anwaltshandbuch FamR, § 23 Rn. 175.

Ferner sollte aufgezeigt werden, was die Ehegatten zur Neuordnung der güterrechtlichen Verhältnisse bewegt hat und was ihre Vorstellungen vom Inhalt des Ehevertrags sind[573].

Bereits hier kann und sollte erkenntlich gemacht werden, dass diverse außersteuerliche Gründe vorhanden sind, die eine Anwendung des § 42 Abs. 2 AO ausschließen. Darüber hinaus sollte auch die familiäre und berufliche Situation der Ehegatten dargelegt werden. Aus diesen Umständen sollte ersichtlich werden, dass zum Zeitpunkt des Vertragsschlusses keine Missbrauchstatbestände vorlagen. Aufgrund der stets unterschiedlichen persönlichen und wirtschaftlichen Verhältnisse kann eine derartige Präambel nicht im Rahmen eines Formulars vorformuliert werden. Im vorstehenden Vertragsentwurf sollte daher lediglich exemplarisch dargestellt werden, wie eine solch persönliche Präambel der vertragsschließenden Ehegatten aussehen könnte.

Die Entwicklung der Rechtsprechung des BGH im Hinblick auf die Kernbereichslehre ist derzeit noch unwägbar. Verschiebt sich der Zugewinnausgleich weiter in den Kernbereich, stellt sich die Frage, inwiefern sich dies auf die Wirksamkeit von Eheverträgen mit Güterstandswechseln auswirken wird. Um der Gefahr der Nichtigkeit der Urkunde zu entgehen, sollte klarstellend erwähnt werden, dass der Zugewinnausgleich auch zum Aufbau einer angemessenen Altersversorgung dienen soll. Gerade in Konstellationen, in denen ein Ehegatte den Haushalt führt und die Kinder betreut während der andere Ehegatte freiberuflich tätig ist und so unter Umständen keine Rentenanwartschaften erwirbt, ist ein derartiger Hinweis angezeigt.

Im Rahmen der Vertragsgestaltung sollte die Rückkehr in den Güterstand der Zugewinngemeinschaft unter der Bedingung vereinbart werden, dass der Zugewinnausgleichsanspruch binnen einer bestimmten Frist nach Vertragsschluss, etwa eines Monats, erfüllt worden ist. Grundsätzlich können Rechtsgeschäfte unter auflösenden oder aufschiebenden Bedingungen im Sinne des § 158 BGB abgeschlossen werden, sind also bedingungsfreundlich[574]. Ausnahmen von der Bedingungsfreundlichkeit bestehen jedoch bei Gestaltungsrechten[575] und bei expliziter gesetzlicher Vorschrift (etwa Eheschließung § 1311 BGB, Anerkennung der Vaterschaft § 1594 Abs. 3 BGB oder die Sorgeerklärung nach § 1626b BGB). Für den

---

573 Vgl. *Brambring*, in: Münchener Anwaltshandbuch FamR, § 23 Rn. 9.
574 BGH NJW-RR 2006, 182.
575 BGHZ 97, 264, 266 ff.; *Ellenberger*, in: Palandt, vor § 158 Rn. 12.

Fall, dass der ausgleichspflichtige Ehegatte seiner Zahlungspflicht nicht binnen des vereinbarten Zeitraums nachkommt, ist eine angemessene Verzinsung der Ausgleichsforderung vorzusehen, damit die ehevertragliche Vereinbarung auch einem Fremdvergleich standhält. Durch eine derartige Vereinbarung wird ersichtlich, dass es den Ehegatten tatsächlich auf eine Durchführung des Zugewinnausgleichs ankommt und eine Vermögensübertragung nicht nur „auf dem Papier" stattfindet.

Sollte der doppelte Güterstandswechsel mir rückwirkender Vereinbarung des Güterstands der Zugewinngemeinschaft auf den Zeitpunkt der Eheschließung erfolgen, weil die Ehegatten zu diesem Zeitpunkt ehevertraglich Gütertrennung vereinbart hatten, empfiehlt sich der Hinweis, dass es sich um eine Maßnahme der rechtlichen (Neu-) Ordnung der ehelichen Lebensgemeinschaft handele[576]. Hiermit wird der Einwand, dass die ehevertragliche Gestaltung den Boden der güterrechtlichen Causa verlassen und es sich um etwa um eine vorrangig erbrechtliche Regelung – mit entsprechenden steuerlichen Folgen – handele, vermieden.

Bei der vertraglichen Gestaltung des doppelten Güterstandswechsels handelt es sich nicht um ein bedingungsfeindliches Rechtsgeschäft[577]. Damit kann zwischen den Ehegatten in der Urkunde vereinbart werden, dass sie nach Erfüllung der Zugewinnausgleichsforderung in den Güterstand der Zugewinngemeinschaft zurück wechseln. Nicht möglich ist die Eintragung des Güterstands in das Güterrechtsregister, da Bedingungsklauseln auslegungs- oder präzisierungsbedürftig sein könnten[578]. Die Eintragung in das Güterrechtsregister ist allerdings für die Wirksamkeit des Ehevertrags und des Güterstands nicht erforderlich. Sie hat rein deklaratorische Bedeutung[579].

---

[576] *Geck* ZEV 2006, 62, 64.
[577] OLG Braunschweig FamRZ 2005, 903, 904 m. Anm. *Bergschneider*.
[578] OLG Braunschweig FamRZ 2005, 903, 905 m. Anm. *Bergschneider*.
[579] *Weinreich*, in: PWW, vor §§ 1558 ff. Rn. 1.

Aus unserem Verlagsprogramm:

Petra-Mareen Jahrmann
Das große Familiengericht nach der Reform des familiengerichtlichen Verfahrens
– familiengerichtliche Verfahren nach dem FGG-RG 2009 –
Hamburg 2016 / 264 Seiten / ISBN 978-3-8300-9039-7

Laura Dreissigacker
Umgang und Kindeswohl
Rechtliche und psychologische Probleme
Hamburg 2016 / 250 Seiten / ISBN 978-3-8300-8850-9

Xueping Liu
Die Entwicklung der Rechtsprechung zum Rechtsinstitut der ehebezogenen Zuwendung unter Ehegatten
Hamburg 2016 / 180 Seiten / ISBN 978-3-8300-8835-6

Johanna Kohls
Eheverträge und Scheidungsfolgenvereinbarungen von Freiberuflern im Spiegelbild des Steuerrechts
Hamburg 2015 / 292 Seiten / ISBN 978-3-8300-8643-7

Thomas C. Wipfler
Bereicherungshaftung bei rechtsgrundlosen Unterhaltsleistungen
Zum Einfluss des FamFG auf die Rückforderung überzahlten Unterhalts
Hamburg 2015 / 370 Seiten / ISBN 978-3-8300-8450-1

Barbara Emmerich
Der deliktsrechtliche Schutz der Ehe unter besonderer Berücksichtigung eines Getrenntlebens der Ehegatten
Hamburg 2014 / 236 Seiten / ISBN 978-3-8300-8149-4

Sonja Leischner
Von den „wandelbaren" zu den „unwandelbaren" ehelichen Lebensverhältnissen?
Hamburg 2014 / 194 Seiten / ISBN 978-3-8300-7713-8

Anja Kiene
Vermögensrechtliche Scheidungsfolgen im deutschen, österreichischen und englischen Recht
Eine rechtsvergleichende Untersuchung mit Blick auf eine mögliche europäische Rechtsvereinheitlichung
Hamburg 2013 / 370 Seiten / ISBN 978-3-8300-6753-5

Florian Maier
Vertragliche Modifikationen der Zugewinngemeinschaft
Hamburg 2013 / 390 Seiten / ISBN 978-3-8300-6699-6

VERLAG DR. KOVAČ
FACHVERLAG FÜR WISSENSCHAFTLICHE LITERATUR

Postfach 57 01 42 · 22770 Hamburg · www.verlagdrkovac.de · info@verlagdrkovac.de